养育的终极任务——唤醒爱

与其教育，
不如去爱

永远的赵小姐 著

"80后"资深全职妈妈，10+年养育实践与思考的分享

哈尔滨出版社
HARBIN PUBLISHING HOUSE

图书在版编目（CIP）数据

与其教育，不如去爱 / 永远的赵小姐著 . — 哈尔滨：哈尔滨出版社，2023.4
ISBN 978-7-5484-7177-6

Ⅰ．①与… Ⅱ．①永… Ⅲ．①家庭教育 Ⅳ．①G78

中国国家版本馆CIP数据核字（2023）第067275号

书　　名：与其教育，不如去爱
　　　　　YUQI JIAOYU, BURU QUAI

作　　者：永远的赵小姐　著
责任编辑：韩伟锋
封面设计：树上微出版

出版发行：哈尔滨出版社（Harbin Publishing House）
社　　址：哈尔滨市香坊区泰山路82-9号　　邮编：150090
经　　销：全国新华书店
印　　刷：武汉市籍缘印刷厂
网　　址：www.hrbcbs.com
E-mail：hrbcbs@yeah.net
编辑版权热线：（0451）87900271　87900272

开　本：710mm×1000mm　1/16　印张：16　字数：257千字
版　次：2023年4月第1版
印　次：2023年4月第1次印刷
书　号：ISBN 978-7-5484-7177-6
定　价：78.00元

凡购本社图书发现印装错误，请与本社印制部联系调换。
服务热线：（0451）87900279

以孩子为本位

文 / 张宏涛

读《与其教育，不如去爱》的书稿时，犹如盘坐在草地上和作者——"永远的赵小姐"一边喝茶、一边聊天。

赵小姐的书里，没有"营销号"的那种常见的危言耸听和夸大其词，也没有高高在上、枯燥乏味的"说教味儿"。她的思想很睿智、语气很平和，就像在你面前，不疾不徐、轻声细语地谈着她对育儿的各种常见现象的看法。你不会觉得有压力，不会觉得她在批评你，但是你的不少固有观念，或许就会在她娓娓道来的过程中开始动摇，你开始产生新的思考……

赵小姐很少谈要如何如何教育孩子，因为她认为：与其教育（孩子），不如去爱（孩子）。这也是本书用这个书名的原因。

她很强调要给孩子自由，要尊重孩子的天性，千万别把孩子当机器来操控。

她很重视孩子的内在体验，而不是外在的行为规范。这也和我的观点是一致的。我在我的育儿群和书里，也反复强调：我们应该关注的是孩子内心的感受和需求，而不是外在的言行。

她呼吁家长尊重孩子，而不是高高在上地自以为了解孩子，从而忽视孩子。她认为，传统的教育模式，就是缺乏对孩子真正的尊重，而只有先有尊重，才会有教育。

她希望家长们能够重视孩子的人格发展，而不是只关注孩子的成绩。

……

归根结底一句话，就是：希望大家把孩子当成一个人来对待。我们要以人为本，以孩子为本，而不是以外在的东西（比如考试成绩、是否听话等）为本，也不是以大人的意思为本。

由此，我想到一百年前，鲁迅先生在《我们如何做父亲》一文中，详细地阐述了他的家庭教育主张：我现在心以为然的，便只是"爱"。觉醒的人，此后应将这天性的爱，更加扩张，更加醇化……开宗第一，便是理解。往昔的欧人对于孩子的误解，是以为成人的预备；中国人的误解是以为缩小的成人。直到近来，经过许多学者的研究，才知道孩子的世界，与成人截然不同；倘不先行理解，一味蛮做，便大碍于孩子的发达。所以一切设施，都应该以孩子为本位……

如今，还有很多人的育儿观念和见识，却还不如数十年前的鲁迅先生。这篇伟大的文章，很多人都还没看过。所以，我很高兴地看到赵小姐和我一样，接过了鲁迅先生提出的这个很重要的命题，继续探讨：我们该如何做父母？

而赵小姐的答案，也是——爱！

赵小姐认为：真正的教育不是宏大理念的灌输，而体现在生活中的小事上。赵小姐的文章，都是从生活中常见的日常小事入手，来谈自己的教育理念。比如：谈吃饭、玩手机、习惯培养、学习、上学等话题。

因为都是家常事，所以，是每个家长都可以参与、都值得思考的话题。

她还谈到了"缺席的父亲"这个话题，同样文如其人，她没有去讨伐"父亲"，而是提倡在理解和接纳孩子父亲的基础上，促使父亲可以更高质量地陪伴孩子。

她的每一篇文章里，都有让人耳目一新的观点，她的观点和网上主流观点都有所不同，能让人以新的角度来思考问题。

多年前，赵小姐参加过我的心理学学习群，我们也由此开始相识。之后，我了解到，她是"80后"资深全职妈妈，养育着两个男孩，小儿子属谱系儿童。

因为养育着一个不普通的孩子，所以她面临的压力，和普通家长也就不一样了，她对教育、对孩子，包括对生命，都重新有了更深刻的思考和认识。她也因此，走上了和孩子一起成长的道路。

她参加过不少心理学和教育学的学习，也成为了一名心理咨询师和家庭教育指导师。我曾介绍过不少自闭症儿童的妈妈，找她咨询。

如今，她的大儿子已经12岁了，小儿子也10岁了。这本书，便是她十几年来在学习及养育孩子、成长自己的过程中获得的思考的结晶。

这样一本读起来没有压力，却会有很多启发的书，值得推荐。

张宏涛老师简介

心理咨询师 / 家庭教育指导师 / 微博心理领域微访谈金牌答主冠军 / 简书心理专题首批推荐作者 / 自传写作班创办人（河南省作家协会会员）/ 《爱与自由——父母必修的16堂课》的作者

自 序

对于孩子的任何问题行为，家长总是会问：该怎样让孩子改变？

对孩子任何不够完美的地方，家长总是会想：该如何把孩子培养得更好？

教育类的书籍便根据家长的需求大批量涌现出来，比如：如何纠正孩子偏食的习惯，改掉孩子马虎的毛病，如何让孩子懂得尊重他人，教孩子懂礼貌、爱劳动、爱运动，怎样才能让孩子有一颗感恩的心，拥有谦虚的品格……这些所有相关的大大小小的问题已经有无数本书给出了答案。

我相信如何教育孩子是每一位父母都会思考的问题。但在讨论如何教育孩子之前，该先思考到底什么才是教育。

在我看来，真正的教育应该是被动的。教育者只是整个过程的配合者，而不是领导者。如果我们带着"如何改变孩子，如何培养孩子，如何去教育孩子"的念头去养育孩子，我相信绝对会失败的。如果这样的教育获得成功，那么一定是以消灭孩子的生命力，把他们变成逆来顺受的工具为代价的。

因为教育并不是我们以权威的姿态来告诉孩子该怎么做、该做些什么。

传统的教育模式对孩子是缺乏真正的尊重的。但只有尊重才会有教育，我们对孩子的尊重，就是在教育他们如何尊重他人。

真正的教育不是宏大的理念灌输，而应体现在生活中的小事上。真正的教育也不是知识的学习，而是智慧的唤醒。生命体内有的东西只需要被唤醒，没有的东西我们也无法灌输进去。

所以，虽然这是一本被定义为家庭教育的书，但这本书的主旨并不在于指导家长该如何教育孩子、培养孩子。因为在我看来，好孩子不是被教育出来的结果。与其说孩子该如何教育，不如说我们该如何成为孩子所需要的父母，这本书的主旨便是："我们该如何做父母"。

他投胎于我，我不曾教诲他，只是带他生活 —— 小巫。

原来我也以为，生下孩子就会成为母亲。养育孩子之后我才知道，做父母是充满挑战的，不要简单看待自己身为人父、身为人母的身份。因为把一个生命带到世界上来并抚养他成人是一个庄重严肃的承诺。

原来我也以为，养育孩子就是教育孩子的过程。后来我才体会到，养育孩子更多的是父母进行自我教育的过程。身为父母我们更应该探讨学习的是自己如何才能成为孩子真正所需要的父母。因为真正的教育不是指导孩子应该如何做，而是需要父母去思考自己该如何提供孩子成长所需要的环境土壤，如何完善我们自身，去成为孩子更好的榜样。

养育孩子是一个和生命打交道的过程，这不只是在和孩子的生命打交道，更是和我们自己的真实面貌打交道。一个人对待孩子的态度更是体现了他人格完整的程度。

养育孩子，可以照见我们自己的人格面貌。

我在与孩子相处的过程中，通过他们看到我自己的真实样子，也修正着我的残缺人格。在我看来，所有的工作其实都不如成为一个真正的母亲难度更大。也没有任何一份工作比做好父母更值得去努力。

教育的本质即是父母的自我修行。

成为好父母的最重要条件，就是我们自身的成长。我们所需要的努力是成为自己，把自己活出来，只有我们能活出自己才能真正做好父母。

感谢我的孩子，让我能够跟着他们的脚步重新体验这个世界，用他们的眼光重新了解这个世界，跟随他们的成长重新使自己成长，重新认识生命。

把这本书定名为：与其教育，不如去爱，取自于安心老师《在远远的背后带领》这本书。或许这种说法会让人误以为爱比教育容易。其实不是。真爱并不容易给出来。因为真正的爱是"如其所是,而非如我所愿"。对于没有获得过真爱的父母们来说,给予孩子这样的爱尤其艰难。但这才是每一位父母真正需努力的方向。只有饱含爱的教育,才是真正的教育。

而爱的前提便是"懂得"。只有"懂得"才知道该怎样去爱,怎样如其所是的去爱你的孩子。

目录 Contents

第一部分

读懂孩子 ………………………………………………… 3
当母亲难，做父亲也非易 ………………………………… 7
妈妈向左，爸爸向右 ……………………………………… 11
父母是人，不是神 ………………………………………… 15
缺席的父亲 ………………………………………………… 19
孩子不是父母生命的延续 ………………………………… 23
养育中的公平与不公平 …………………………………… 26

第二部分

自信是什么？ ……………………………………………… 33
自律是什么？ ……………………………………………… 38
习惯是什么？ ……………………………………………… 42
坚持是什么？ ……………………………………………… 47
孩子与家务 ………………………………………………… 52
直面冲突 …………………………………………………… 56
孩子与拖延 ………………………………………………… 60
来到青春期 ………………………………………………… 64
沟通是什么 ………………………………………………… 69
安全感是什么？ …………………………………………… 73
拥抱的温度 ………………………………………………… 77

独立与依赖 ································· 81
听话与合作 ································· 85
孩子与秘密 ································· 89
孩子与危险 ································· 92
礼貌这件事 ································· 95
教育中的自然后果 ··························· 98
别和你的孩子做朋友 ························ 102
孩子与交朋友 ······························ 107
给阅读降温 ································ 111
叛逆的青春期 ······························ 115
孩子的情商 ································ 118
延迟满足与耐心 ···························· 123
挫折教育是个坑 ···························· 127
孩子与零花钱 ······························ 130
无奖励不惩罚 ······························ 135
孩子与手机游戏 ···························· 139
说谎的孩子 ································ 143

第三部分

陪伴的到底是谁？ ·························· 149
看见孩子 ·································· 153
妈妈，我为什么要上学？ ···················· 157
以教育之名的伤害 ·························· 161
戒不了吼的妈妈 ···························· 165
别和孩子较劲儿 ···························· 170
孩子永远惯不坏 ···························· 174
不能耽误孩子 ······························ 179
养育中的长短之道 ·························· 182

家庭不是学校教育的延伸地⋯⋯⋯⋯⋯⋯⋯⋯⋯⋯⋯⋯ 186
当孩子被留校⋯⋯⋯⋯⋯⋯⋯⋯⋯⋯⋯⋯⋯⋯⋯⋯⋯⋯ 192
教育不能是投资⋯⋯⋯⋯⋯⋯⋯⋯⋯⋯⋯⋯⋯⋯⋯⋯⋯ 198
学习这件事⋯⋯⋯⋯⋯⋯⋯⋯⋯⋯⋯⋯⋯⋯⋯⋯⋯⋯⋯ 202
赏识教育的误区⋯⋯⋯⋯⋯⋯⋯⋯⋯⋯⋯⋯⋯⋯⋯⋯⋯ 207
吃饭这件事⋯⋯⋯⋯⋯⋯⋯⋯⋯⋯⋯⋯⋯⋯⋯⋯⋯⋯⋯ 211

第四部分

如果不是因为他⋯⋯⋯⋯⋯⋯⋯⋯⋯⋯⋯⋯⋯⋯⋯⋯⋯ 217
把问题放出来⋯⋯⋯⋯⋯⋯⋯⋯⋯⋯⋯⋯⋯⋯⋯⋯⋯⋯ 221
给孩子构建一个支持性成长环境⋯⋯⋯⋯⋯⋯⋯⋯⋯⋯ 225
理解,是无法要求来的⋯⋯⋯⋯⋯⋯⋯⋯⋯⋯⋯⋯⋯⋯ 230
关于自闭症,我想说的全在这里⋯⋯⋯⋯⋯⋯⋯⋯⋯⋯ 233

PART1

第一部分

读懂孩子

有人说，如果把孩子比喻成一张白纸，那么家长就是那一支画笔。孩子的人生和未来取决于父母如何下笔，也就是说，父母给了孩子什么样的生活和教育，孩子就会成为什么样子。

著名的行为主义心理学家华生有一个世人皆知的论调："给我一打健康的婴儿，我可以把他们训练成任何一种人物，医生、律师、艺术家、商人、教授，甚至乞丐或强盗。"他认为孩子就是一张白纸，而养育者可以根据自己的期望，在这张纸上画上自己想要的内容。

但最后，他失败了。因为孩子并不是一张白纸。

我也不认为孩子是一张没有生命和思想的白纸。不认为谁会有资格在这张白纸上面随意涂抹。我更认同把孩子理解为一粒种子。是一粒有生命的、鲜活的种子。而父母则是园丁。种下一粒种子，园丁只需要根据种子的需要，给种子一个合适的生长环境，然后根据种子生长发育的需要做该做的工作，其他时间便是等待种子的生长，等待抽叶、发芽、开花、结果。

对于我来说，养育孩子最深远的目标也便是帮助孩子成为他自己，活出他自己的样子。

无论他是一颗怎样的生命种子。

作为一个园丁，最重要的任务便是了解你所种植物的性质。作为植物种子的种植者都自然地懂得：水生植物的种子不能被埋在田地里，喜阴凉的植物种子不能放在阳光下……谁都知道：桃树种子只会长出桃子，不会长出西瓜或苹果。

养育一个孩子，父母所需要的便是了解孩子，并为他们创造出一个适合

3

他们天性成长的优质环境，剩下的就要交给时间。

有的父母在对孩子不满意的时候，常会责骂孩子"别人行你为什么不行？""别人做得到你就应该努力做到。"我们要承认，每个人都是不同的。每个孩子都是有差异的个体。我们要认同这种差异性，理解各种各样的不同。

但当我们心中怀有自己想要孩子成为的样子时，我们就会对孩子设立标准，会为了达到标准而试图控制孩子的一切，从而忽视了孩子与生俱来的内在发展方向。

我们都知道养育孩子要"因材施教"，而"因材施教"的前提就是你要了解你所拥有的这颗生命种子的属性内涵。

放下自己内心的期待，认清、尊重自己手上的这颗种子的天性和特质，只有通过去读懂孩子，才能了解孩子是怎样的一颗种子，他需要什么，他喜欢什么，他期望得到什么，作为父母，你要怎么照料他，怎样才能使他健康茁壮地成长。

读懂孩子首先需要我们去关注。

我们对于自己的心爱的物品，比如房子车子，都会要花费时间和心血去打理，如此便能想象养育孩子这样一个有生命的个体，这样一个与自己存在着差异性的个体，需要花费多少时间和心思。

养育孩子，除了基本的生活照料以外，最重要的就是投入我们的注意力去关注孩子。关注要客观，也就是客观关注。客观关注便是不带评判，不预设立场的关注，去掉好坏对错，真正地看见孩子、理解孩子。

只有通过客观关注我们才能了解孩子，理解孩子，捕捉到孩子隐秘的细微的内在需求，并尽可能地及时给予满足与帮助，给予关怀与支持。真爱孩子是要根据孩子的特质来调整我们的养育方式的，而不是从自己的角度出发来给予。

当我们时常全神贯注地关注孩子，让孩子能感觉到自己是父母关注的中心时，他们会觉得自己是被欣赏的，是有价值的，是被父母所深爱着的，是生活在温馨温暖的环境中的。

斯科特·派克说："爱，最重要的体现形式就是关注。"

读懂孩子，需要我们去认真观察孩子的同时，还要带上心去"倾听"。"倾听"这个词说起来容易，做起来难。有时候，我们会花大量的时间向孩子述说教育道理，却很少愿意花时间去听孩子说话。因为我们自己从小就是听父母和老师的话长大的，没有人听我们讲话，也没有人教我们怎样去倾听。真正的倾听需要我们做出巨大努力，需要我们全身心投入。尤其是倾听语言表达能力不够成熟的孩子的心声的时候。

倾听包括倾听孩子的行为，倾听行为背后的感受，倾听感受之下的深层需求。这是需要我们去学习的。我们都会说自己如何爱孩子，而只有当我们愿意为他们付出这样的努力时，才是在向孩子证明我们无比珍惜他们，我们无比关爱他们。

只要愿意去倾听孩子，会倾听孩子，你会发现了解他们的过程或许比想象中的要简单轻松。因为孩子的心对父母是不设防备的，除非我们做错了什么，使他们关闭了这扇心门。即便如此，他们随时都是在期待着我们走进他们内心世界的，只要我们愿意去倾听。

倾听对于大部分父母来说是困难的，因为我们都更喜欢去说而不是倾听，大部分人都没有获得过充分表达的机会，没有感受过被人倾听。

但要和孩子建立关系首先就要去倾听他，你只有通过倾听了解他的内在需求之后，才能真正地对孩子好，知道该如何去爱孩子。

倾听需要克制自己的表达欲望，放下我们头脑中的预设和评判。

倾听孩子，最大的要点不在于技巧，而在于用心。

所有的父母都希望孩子能健康成长，满足孩子健康成长所需要的物质条件并不复杂，尤其是在物质如此丰富的现代社会。相比之下满足孩子健康成长的精神需求却并不是容易的。我们都会说：孩子是需要爱的。却往往不明白"懂"比"爱"更重要。因为只有懂孩子才知道该如何去爱孩子。

哲学家克里希那穆提说：要了解一个孩子，我们必须在他游戏时观察他，在他的种种情绪下共情他。我们不能将自己的偏见、希望和恐惧投射到他的身上，或者是塑造他，使他适合我们欲望中的类型。如果我们不断地以自己的喜好与厌恶来判断孩子，必然会在我们与孩子的关系中，或孩子与世界的关系中制造出种种障碍。

如果我们不仔细地观察孩子，认真地了解孩子，只会不自觉地将自己对生命的期待与想象放在孩子的身上，用自己的想法塑造他们的命运。

因为孩子这颗生命的种子从出生便具备了成就最好自己的所有可能，他们有其内在自我成长的动力与时间节律，我们需要做的是尽可能地创造一个适宜他们生长的环境，同时给予他们无条件的信任和支持。

如果让我用一句话来说清我们该怎样做父母，那么我想说：心怀谦卑，俯身做孩子的土壤。

对于父母来说这将是比习得满腹"如何搞定孩子"的锦囊妙计要困难得多的学习与考验。

用观察和倾听练就一颗谦卑的心，再用这颗心去读懂孩子。

读懂孩子从关注与倾听开始。

当我们试着去理解孩子，读懂孩子之后，也许会发现自己之前对孩子有着太多太多的误解。对孩子的各种评价有着太多的主观与武断。虽然影响生命的先天因素不可更改，但父母为核心的环境因素左右着孩子先天基因的表达，父母可以鼓励孩子发挥他们天生的特长，也可以压制它们。原本任何一个生命种子都是可以在这个世界上有所成就的，前提是早期的生长环境能提供他所需要的成长营养和生长条件，将来他便能成为他自己，能去到自己想去、该去的地方。

当母亲难，做父亲也非易

当一对男女迈入婚姻的殿堂组建自己的家庭之后，往往会很快迎来新的家庭成员的诞生，当这个生命来到以后这个家庭的形态便会发生变化。大部分的旁观者都会更容易发现家庭中妈妈所发生的变化，所面临的压力，所付出的代价。

这是事实，女性在孕育与抚养孩子的过程中付出了很多：照顾孩子的辛劳，身体上因为怀孕生产而承受的痛苦，可能还有繁重的家庭事务和个人工作发展上的压力，种种这些，不一而足。能看到这些，因为我自己身为女性，能够理解女性所承受的。社会上的大多数人也都能比较容易地看到妈妈们的不易，更容易从感情上理解体谅母亲。

所以很多人在听到妈妈们抱怨丈夫不为自己分担，不理解自己的时候都会不知不觉地站在女性的立场上，去理解女性，去支持女性，去为女性说话，指责不尽责的爸爸们。

于是，便有了"丧偶式育儿""诈尸式育儿"等一系列的标签贴在了爸爸们的身上。

很多文章对这些标签的认识都有非常深刻具体的描述。看上去，女性的不容易已经获得了非常高的社会认同与支持。但是，这样的理解真的能够有效帮助女性，改善女性的家庭处境，让她们的生活变得更容易吗？

其实并不能。

很多文章都只是指出了问题。其实指出问题并不难，难的是要真正看到问题形成的原因和改善问题的办法。指责并不能解决问题。解决问题需要我们跳出自己的立场，站到对方的立场上去思考问题。

现实中，在育儿问题上妈妈承担得过多，爸爸参与得太少，已是社会常态。若想要改善这常态性问题，我们可以做什么？怎样做？

也许我们需要站在一个更高的角度，跳出自己女性身份角色的束缚来看待问题。首先需要放弃抱怨和谴责，跳出自己的立场去理解那些被指责的爸爸们。要想生活真正发生积极的改变，我们需要多角度地去理解婚姻，理解婚姻中的每一个人，无论这个人是男还是女，不论这个人的角色是爸爸还是妈妈。

很多女性在听到需要自己去理解丈夫的时候，可能已经满腔愤怒了："难道不是他该理解我吗？我已经做了这么多了，还要我去理解他？"

确实，在生养孩子的过程中，妈妈身心都承受了巨大的压力，甚至冒着很大的生命危险；在照顾孩子的过程中也有着诉不完的辛苦劳累。也正是这种常识性的认识使得很多人都把理解与支持给予了母亲们……

但是，如果我们永远都站在自己的角度立场去看待问题，那么你看到的永远都是"自己是受害者，都是别人的错，是别人对不起自己……"如果我们只是站在自己的立场，凡事只从自己的角度出发，只能看到自己身为女性的艰难和不容易，站在道德制高点理直气壮地指责抱怨丈夫，那么这只会让新上任的爸爸们感到无奈与迷茫，感到无所适从，甚至产生反抗心理。我们会更多地失去对方的配合。

如果我们想要改变自己的家庭生活模式，希望爸爸能够对家庭生活有更高的参与度，那么我们就要思考：如何才能实现自己的期待？显然，这一期待与丈夫有关，需要丈夫的配合，需要他们在行动上做出一些改变才能实现。那么如何才能令他们做出改变？

首先需要有耐心，要去理解在这个家庭当中爸爸所面临的处境。不要简单地在他们身上贴上各种糟糕的负面标签。这样会让对方因为没有获得理解，没有被支持和尊重而更难以发生改变。客观地说，男性和女性在家庭中，在孩子养育方面所承受的压力，是没办法比较的。没有谁比谁的压力更大、谁比谁更不容易、谁比谁更委屈。

做妈妈难，做爸爸也并不容易。

从理解的角度来讲，虽然在生育孩子这件事情上，男性的确没有经受过妈妈生产怀孕所承受的身体和心理上的痛苦。但作为生活在同一个家庭中的丈夫，当妻子生育下一个孩子，家庭结构发生变化时，他们也同样经受着属于他们自己的压力。也同样有他自己的不容易。而作为旁观者，很多人往往会忽视丈夫这个时候的心理压力。可能会想当然地认为:"生孩子的人又不是他们,他们有什么压力?"所以,有必要一再强调:理解他人,首先要去抛掉主观的猜测与偏见,去看待对方。

生孩子与照顾孩子的确让妈妈承受了很大的身体上的痛楚和辛苦,但付出与获得是对等的。在承受生育的痛苦和照料的辛劳的同时,妈妈也会因自己生下一个孩子而获得巨大的价值感,会因为亲手哺育这个小生命,看着他一天天长大发生变化,而获得成就感。从意识上来说这个时候爸爸自然也是高兴的,也是有成就感的,但他们的潜意识中更多的可能是手足无措,无所适从,不知道自己该做些什么才能帮得上忙。往往是心里想帮忙却找不到自己插得上手的地方。想要与孩子亲近可能还会受挫。比如说刚把孩子抱进怀里,孩子就哇哇哭,而妈妈一抱,孩子就笑呵呵,其实这些都会让爸爸们生出挫折感,打击了他们参与照顾孩子的信心,觉得自己不被孩子所接受,生出无力感。还有的时候爸爸想要帮点忙,也会因为不够细心、笨手笨脚而被嫌弃并被推到一边去,这种情形或许会让爸爸们产生一种"无价值感"。其实他们也会想要在这个过程中,通过参与体现自己的价值。简而言之,他们也想要帮得上忙,也想要让自己在这家庭中变得有用,也想被孩子所接纳,所亲近。

可能有的人会认为在自己家庭中从来没有过这样的情形,"我没有嫌弃过他笨手笨脚,但他在照顾孩子上从来不插手。"其实这只是我们个人意识上的理解,如果仔细去观察有新生儿的家庭,你就会发现:无意识地把爸爸从育儿领域"赶走"的现象非常常见。如果爸爸持续无法在养育孩子的过程中体验到自己的价值感,那么他自然地就会从这一个领域中慢慢退出,因为这里没有他发挥价值的空间。久而久之,这会变成一种家庭常态,"丧偶式育儿"也就是这样形成的。

所以我们需要看到爸爸们在养育孩子这个领域所体验到的挫折与困难。只有当他们被理解被看到的时候,当他们意识到自己是被需要的时候,他们才能够更有信心地去参与到这些问题的解决当中来。如果不能理解他们的困难和委屈，简单粗暴地给爸爸们贴上各种负面的标签，并且因为这种种的负面标签而去指责他们，嫌弃他们，那么在家庭和育儿领域里，妈妈们就更难以得到爸爸们的力量支持。而这只会让辛劳的母亲更辛苦，更不利于家庭的良好发展与孩子的成长发育。和谐良好的亲子环境，需要爸爸妈妈共同参与和努力。

妈妈们还要看到的一个事实就是：家庭是你和你的丈夫组成的，孩子也是你和你的丈夫共同孕育的，所以在家庭中，妻子最大的支持一定是来自丈夫。从各个方面来说我们都需要丈夫的支持，无论是物质还是精神。

所以我们需要做出选择：如果我们只是想要发泄情绪，和女性朋友聚集在一起，抱怨丈夫一番是可以的，读读那些义正词严地指责丈夫不作为的爽文来调节心情也是可以的，在社交环节中能够输出自己的负面情绪，也是一种解压的方式，有利于自己的情绪健康。

但如果我们想要家庭生活模式发生改变，能够真正被理解，获得丈夫支持的力量，让家庭的亲子环境氛围更加和谐美好，那么就需要先去理解爸爸们，去给予他们支持，去给予他们理解与尊重，才能把从育儿领域逃走的爸爸们拉回来。

著名家庭治疗师刘丹老师说过一句话："当一位妈妈处在'丧偶式育儿'情境中的时候，与之相对应的爸爸可能也同样处在'丧偶独身'状态中。"很多人表示不认同，有的妈妈认为："从家庭育儿领域逃走的丈夫过得多么潇洒自在，他们根本不想参与到家庭养育与教育中来。"其实这只是满腔怨念的情绪化说词，是我们还不能理解对方内心的被排斥感和被孤立感。如果一个人真正追求的是潇洒自在，那么他组建家庭的目的是什么呢？人类所渴望的是建立亲密的关系，无一例外。

生活不易，婚姻不易，做父母更不易。
在养育孩子的路上，伴侣间相互的理解与扶持是弥足珍贵的，夫妻携手共同育儿是父母献给孩子的第一份大礼。

妈妈向左，爸爸向右

有位网友分享了自己家的一个生活情景：一家人逛集市，孩子看中了一件工艺品，爸爸不同意买，妈妈后来偷偷给孩子买了下来。网络上很多人对妈妈的做法持反对意见，认为在教育孩子的问题上，夫妻二人最好不要出现这种情况。理由是爸爸已经说不买了，妈妈再偷偷买下来，这不是说明爸爸在家说话不顶用？让孩子向着妈妈，认为"世上只有妈妈好"？

大部分人在教育孩子的问题上都有这样一种认识：教育孩子，父母双方一定要统一态度，要避免在孩子面前表现观点不一致。不要出现"爸爸说好，妈妈说不行"或"妈妈同意，爸爸反对"的情况，不要妈妈向左，爸爸向右，两人的方向要一致。

比如：妈妈不同意给孩子吃零食，爸爸便应该配合妈妈的做法。爸爸不同意孩子玩手机，做妈妈的也应该配合爸爸的要求。多数人都认为，对于同一件事，父母不能设置两个不同的目标，提出两种不同的要求，因为这样矛盾的做法会让孩子无所适从陷入混乱，或者是让孩子学会钻空子，感情上偏向父母中的一方。

简单来说就是：父母不能一个向左一个向右，这样教育不好孩子。

但，真有父母做得到完全一致吗？真的存在有两个价值观、教育观、生活信念都一致的人吗？真有两个对这世界的认知，对这世界的看法都完全相同的人吗？

如果明明不一致，却因为"为孩子好"而用"一致"的态度对待孩子，难道不是弄虚作假？

在我看来，世上并没有完美的养育环境，也没有价值观、育儿理念完全一致的夫妻。唯有真实最重要。只要是真实的，哪怕不完美也是好的。

"爸爸说了不能买，所以妈妈想买给你也不行。""妈妈说了你不能吃零食，所以爸爸不能给你买零食。""爸爸说了写完作业才能看电视，所以妈妈不能让你看电视。"……

为了保持对待孩子的一致性态度，要求爸爸做妈妈意志的传递者或妈妈做爸爸意志的执行者，才是不健康的家庭环境。

因为这背后体现出父（母）失去了作为独立个体的自主意识，成了他人意识的传播器。这对孩子和父母双方而言真的好吗？这是不是走入了一个误区？

说说我自己生活中的一件小事。

有一次爸爸带孩子出去玩，孩子看上了一个价值两千块的游戏道具，爸爸爽快地给他买了下来。回来以后孩子开心地向我展示，"是爸爸给我买的。"接着他又补充了一句："要是你的话肯定不会给我买。"孩子很了解我，我也肯定了他的判断："妈妈确实不会花两千块买这个给你。但爸爸愿意给你买，妈妈不会反对，也会为你的收获高兴。"孩子很清楚：物质上的满足，是爸爸爱他的方式，而妈妈有不同于爸爸的表达爱的方式。

不同的表达爱的方式，并没有谁对谁错，孰优孰劣。如果我批评爸爸做得不对，不该给孩子买这么贵的玩具，对待孩子应该如何……其实是我把自己放在了掌握了真理的评判者的位置上。而事实上，我的消费态度也只是根据自己的价值观取向所做出的判断，谁敢说自己所遵循的价值标准就是绝对正确的呢？

我接受爸爸用他自己的方式爱孩子，同时，我也可以选择自己所认同的方式来对待孩子。让孩子看到父母的差异，也让孩子从这些不同中选择自己对谁认同，向谁学习。同时还能看到父母是如何处理他们之间这些差异和分歧的，这对于孩子来说才是最好的教育环境。

父母与孩子虽然生活在同一个家庭中，但父亲与孩子和母亲与孩子之间的关系是有相对的独立性的。如果非得要按照同样的模式来处理关系必然会引发冲突。

因为爸爸和妈妈都想要把自己认为最好的东西给孩子。都想要跟孩子分享对这世界的认知与感受。

而矛盾的地方就在于：爸爸认为好的东西（方式）妈妈不见得认为好，妈妈认为好的东西（方式）爸爸也可能认为不好。如果都认为自己给孩子的才是好的，是对的，对方给孩子的是坏的，是错的，从而否定了对方以自己认可的方式去爱孩子的权利，展现给孩子的便是非黑即白的二元思维模式。

同样的事物，每个人的感受都不一样。A是这么想的，B是那么想的。同样一个橘子，你认为它是酸的对方却说它是甜的。到底谁错了？其实谁都没有错。问题在于两个人的感受上存在差异。我们必须要承认，无论如何，差异总是存在的。世界纷繁复杂，事物千变万化，差异永远存在，正因为有差异，所以需要沟通。

但沟通却并不是两个人把各自的想法说出来，看看谁更有道理，然后约定好达成一致按谁的来。如果是这样，那所谓的达成一致，其最终结果不过是一方妥协，另一方主导话语权。

因为人与人的想法总是不一致的。

尤其是我们越是认为自己有理，想要跟对方讲清楚，期待对方认同自己的时候，对方往往也正是这样想的……所以，沟通的目的并不在于达成一致，而是为了确认彼此的差异，了解彼此的差异。

差异也是必然存在的，因为两个不一样的人，对同样的事情就是可能会有不一样的态度，不一样的感受。不一样的想法，不一样的认同。

对待孩子，父母不同的教育方式必然带给孩子不同的感受，哪一种方式更好？不是妈妈说了算，也不是爸爸说了算，让孩子自己去分辨，让孩子自己去感受。哪一种价值观更可取？不能要求孩子向妈妈认同，也不需要要求他向爸爸认同，需要孩子自己去感受、去体验、去选择。

当爸爸妈妈两个人呈现出两种不同的生活方式，不同的价值取向时，便是给孩子做出了最真实的展示。只要我们能够存有尊重对方的态度，孩子便可以从每一份关系中，获取对自己最有益的东西。在育儿中，如果你认为自己的理念、方式更好，更有利于孩子成长，那么你要做的就是通过生活塑造自己的影响力，去影响孩子，影响伴侣，而不是要求他们向自己认同，与自己保持一致。

妈妈向左，爸爸向右，对孩子来说并不是一件坏事。这预示着在人生之路上，路两边的风景，孩子通过爸爸妈妈都可以感受得到，都可以体会得到。也许对爸爸来说，路边的风景是大漠孤烟直，长河落日圆的潇洒舒朗。也许对妈妈来说，路边的风景是小桥流水人家的细腻婉约。然而殊途同归，爸爸和妈妈都是爱孩子的，因为这爱，反而可以让孩子对这世界万物了解得更丰富、更全面，反而可以让孩子感受到截然不同的两种人生体验。

父母是人，不是神

"父母是人，不是神。"这是《PET父母效能训练》书中的一句话。

相信在看到这句话的时候很多人都会认同，且下意识地认为这是不言而喻的：这还用说吗？父母当然是人不是神。我们虽然是这样想，但很多时候现实行为却并不是这样体现的。

正如书中所说："当我们被赋予新的职责去扮演父母角色时，就会忘记自己是一个人。"也便会不自觉地走上父母的"神坛"，同时还会不时地提醒自己要表现出为人父母者的样子来。

这会让父母忘记自己是一个人，一个会犯错，有局限性，有真实情感的人。

除了父母无意识中的选择以外，孩子的态度也会推动着父母走向"神"的位置。客体关系理论认为：早期的孩子对父母，并不是人对人的经验，而是保护者和被保护者的角色经验，是物（神）化的经验。在最初的生命过程中这是合理的，也是必要的。因为当孩子以一个小婴儿的状态降临这世间时，他们没有丝毫力量，只有通过别人照顾，给他们食物喂养，清洁，保暖，保证他们的基本安全，他们才能存活。而这个照顾他们的人，就是被孩子"神化"的父母。

对于孩子来说，被神化的父母是无所不能的，是为满足自己需求而存在的。面对被神化的父母，当他们有情绪时，孩子会感到无比的恐惧："神"怒了。而不会认为这是人所具有的正常情绪。父母无法满足自己时，孩子会感到特别的委屈："神"不愿意满足自己。因为他们认为父母是无所不能的，不可能有做不到的时候……孩子并不会明白：父母是一个人。也并不理解：只要是人就会犯错，只要是人就有自己的局限性，有自己做不到的地方，只要是人就会拥有自己的情绪情感……

或许我们并不能清晰地意识到自己目前是否位于父母神坛之上，检验的方式是：只要自己没有从神坛上走下来的体验，现在的位置就是孩子视角中的"神坛"。

父母自己需要有意识地走下"神坛"：向孩子坦诚自己，让孩子看清真实的自己，认识到爸爸妈妈是和孩子一样的普通人。如果我们一直隐藏在"父亲""母亲"的角色后面，孩子也就无从认识到父母的真实人性。也就无从认识父母在这现实生活中的真实面目。

我们常说，父母看孩子都戴有 VR 眼镜。其实不仅是父母用 VR 眼镜看孩子，孩子也一直用 VR 眼镜看父母。只是父母看孩子的 VR 眼镜是缩小实际价值的凹面镜，孩子看父母的 VR 眼镜是放大其重要性的凸面镜。VR 眼镜的存在让彼此都不能如实地看到对方。双方都隔着云端隔着滤镜，看不到彼此的真实样貌。

如果要取下 VR 眼镜，让彼此看清真实的对方也并不十分容易。对于父母来说可能会舍不得破坏自己在孩子心中那无所不能的形象。毕竟，被孩子仰望，站在高处的感觉很安心，可以享受被孩子仰视的目光，能带给父母一种至高无上的权威感，这是父母在平凡的烟火人生中所没有感受过的力量。

对于孩子来说当他们看到真实的父母时，也许会有失望：噢，原来被自己仰望，拥有强大力量来满足自己需求的爸爸妈妈也不过是普通人。

"他们是和我一样的人，也有不能实现的期待，他们也一样会经历伤心、挫败、失望的感受，他们一样也需要被关心，被理解，他们一样也有渺小的一面，也有狼狈的一面，也不是无所不能的。"这份真实不是那么美好，有时会被人从心底拒绝承认。

想要走下"神坛"回归于人，需要父母在面对孩子的时候有展示自己作为人的脆弱部分的勇气，也要有承受孩子失望情绪的力量。能够意识到这一现实真相，对于孩子来说是他们成长成熟的过程中必经的挫折体验。也是孩子与外界建立真实关系的必经之路：让孩子看见父母是人，非物也非神。父母无法满足他们的所有需求，随着他们长大，父母能满足他们的部分也会越来越少。父母也没有他们以为的巨大力量，更不是无所不能的，也会做错事，说错话……

父母有着作为任何普通人都有的优点和缺点、烦恼和开心、脆弱和坚强，也会有胆小的时候，也会有恐惧的事，也会有被现实生活打败的时候。但只要你爱你的孩子，希望你的孩子能够勇敢地长大，能够有面对挫折的力量，就得走下"神坛"，以自己真实的一面来生活，把真实的自己展现在孩子面前。

身为父母，我们有些时候最大的错误就是忘记自己是普通人，力求表现得完美，只有先让自己成为一个真实的人，才能成为真正的父母。

建立真实关系的第一步永远都是：让彼此能够看见真实的对方。发展真实亲子关系的第一步就是：有意识地向孩子展示自己，让孩子认识真正的父母是人，不是神（物）。而那些特别糟糕的父母，其实是以物化的态度来看待孩子这个"存在物"，把孩子视为自己的拥有物。"我生的孩子就是我的，我想要怎么对待他是我的权利……"把自己奉为掌控孩子人生的"全能之神"。

人与物建立的是使用与被使用的关系。只有人与人才能建立平等有爱的亲密关系。如果父母一直把自己放在高高在上的位置上，那么孩子将无法获得做"真实的人"的经验，将来也无法以人的态度来对待他人，对待生活。

父母走下"神坛"的方式便是向孩子道歉。

道歉，并不是每位父母都具备的能力，尤其是向孩子道歉。很多父母都把自己当作家庭中的主宰，认为自己需要保持父母的形象和威信，从而做不到在孩子面前承认自己的错误。

事实上如果我们能够在做错事之后郑重地向孩子认错道歉，孩子也就会懂得承认错误并不是一件可耻的事，他们更能具备分辨是非对错的能力，理解宽容的意义。作为父母，我们是孩子行为的榜样，当自己有过失时，及时真诚地道歉非常重要。他们也会记住自己的父母是如何勇敢对待自身的错误的，这种坦率，是给孩子最佳的示范。

并且向孩子道歉并不会降低自己在孩子心中的地位，因为人无完人，每一个人都可能会犯错误，这不仅不会有损父母的威信和尊严，反而会让孩子切实地认识到父母是一个真实的人。从未向孩子道过歉的父母，都是站在"神坛"上下不来的父母。

缺席的父亲

随着社会的发展，人们越来越注重父亲在家庭教育中的地位与作用。现在人们不光设立了母亲节，也设立了父亲节。在每个母亲节与父亲节，孩子们热衷于表现自己的孝心与爱心。越来越多的父亲也体会到了自己在孩子的养育中是重要的存在，但父亲大多工作忙碌，甚至在很多人的印象中，父亲就是忙碌的代名词。

父亲经常是不在家的，尤其是现代父亲。他们把大部分时间和精力都放在工作事业上，待在家里的时间很短，有时即使在家也是在忙工作，忙自己的事。有的时候晚上孩子睡了他们还没有回来，孩子去上学时他们还没起床或者早已匆匆忙忙地去上班了。同住一个屋檐下，与孩子也许一连好几天连面都见不上，更不要说陪伴孩子了。也许很多母亲对此是满腔怨言的。但现实既然已是这样，那么如何能在父亲缺席情况下不影响孩子的正常成长，身为妻子又该如何去理解他们呢？这也许更多的是对家庭中母亲智慧与心胸的考验。

一个忙碌的父亲，一个缺少时间陪伴孩子的父亲，他在孩子心中的父亲形象更多的是基于孩子的想象，和母亲在孩子面前对丈夫的言语、态度、评价而形成的。

也就是说，在父亲缺席的家庭中，孩子心目中的父亲形象更多的是通过母亲的描述与孩子自己想象所勾勒出来的。对于孩子来说，这个想象中的父亲可能比现实中的父亲要更重要，更有影响力。

有一句话这样说：事实很重要，但人对事实的理解比事实本身更重要。

分享一个小故事：故事的主角是美国前总统奥巴马。奥巴马的父亲母亲在他很小的时候就分开了，他一直由母亲抚养，父亲完全没有尽过父亲的责任。不过奥巴马有一位智慧而宽容的母亲。虽然奥巴马的爸爸作为父亲是不负责任的，母亲作为孩子的抚养者也有足够的理由对这位不负责任的父亲表达愤怒。但她在心中并没有对奥巴马的父亲心存积怨，也没有让孩子去仇恨他的父亲。相反，她作为母亲竭尽所能地在儿子心中勾画出了一个积极正面的好父亲形象。

孩子的成长需要父亲的引领，尤其是男孩子更是需要以父亲为榜样，向他学习。虽然奥巴马的成长中父亲缺失，没有获得过父亲的引领和陪伴，但由于母亲在他的内心中成功地塑造出一个积极正面的父亲形象，他的心中也就存有着对父亲的美好想象，所以在他内心中并不缺少榜样和父亲的引领。

然而遗憾的是，现实中更多母亲的做法与奥巴马母亲做法是背道而驰的。

某个周末在外面吃饭，隔壁桌有一位妈妈和四五岁的孩子也在吃饭。孩子问妈妈："吃完饭爸爸会过来和我们一起去看电影吗？"妈妈没好气地回答孩子："你爸一天到晚有他的事要忙，哪有空陪你看电影……"

其实，即使爸爸没有空陪孩子一起看电影，妈妈也可以用更积极柔和的方式和态度对孩子说明原因。很明显，这位妈妈此刻对孩子问题的回答不过是借机发泄自己在生活中对丈夫满腹的怨气，只是在宣泄自己的情绪。

当妈妈把对爸爸的愤怒迁移到和孩子的互动上，孩子的内心会为此感到困惑不安。这不仅不利于维护孩子与父亲的关系，也影响着孩子内心中对母亲的印象，影响着孩子内心的安全感。

读完奥巴马的故事，或许有的人会认为奥巴马的父亲与他母亲是分开生活的，孩子完全没有和真实的父亲相处过，所以他内心里榜样父亲的形象才能够被母亲所塑造。而现实生活中有些父亲在身边，但却不承担父亲的责任，这样的父亲，妈妈又如何去塑造他伟岸的形象呢？

其实这种问题是无法成立的。我认为不存在完全不承担父亲责任的父亲，只在于妻子愿不愿意承认丈夫作为父亲承担责任的那些部分，能不能找到丈夫的优点且愿意把它放大。

换句话说，即便这种问题成立"你的丈夫他作为孩子的父亲真的是完全不承担作为父亲的责任，或者是没有能力承担。"那你该思考的是：自己当初为什么会选择和这样的人组建家庭生育孩子，并且现在选择继续和他生活在一起？

当然，无论怎么说，父亲的陪伴对孩子来说都是重要的。当这个重要部分有所缺失的时候，母亲的智慧或许可以避免让这份缺失影响孩子的健康成长。

作为母亲要理解并支持父亲爱孩子的方式，父亲和孩子相处时间上的欠缺，可以通过相处质量来弥补。也有很多忙碌的父亲和孩子感情亲近的范例，原因就在于，虽然他们相处的时间不多但他们相处时的质量很高。如何才能和孩子高质量地相处？很简单，用自己擅长的方式来陪伴孩子才会有较高的陪伴质量。

每位父亲都有自己的特长和特点，有的父亲是理工男，这样的父亲爱孩子的方式就可以是陪孩子一起做手工、拼搭作品。有的父亲在体能上有优势，能带孩子爬山、打球，进行各种需要耗能的活动。而那些把精力和时间都投入在事业上，并获得一定成就的父亲可能会在金钱上对孩子很慷慨，用物质满足的方式爱孩子是他们更擅长的方式。这也许是一种有争议的做法。母亲（很多人）可能会对使用金钱资源来爱孩子的方式很反感（对）。其实大可不必对此恐慌。现实中很多真正忙碌的父亲大都是把时间放在了获取经济资源上，他们往往都在经济上取得了一定成就。用钱去解决问题，去表达爱更是他们所擅长的。所以，这时候的父亲用自己最擅长的使用金钱资源的方式和孩子互动是需要被妻子理解的。

需要警惕并避免的是用贿赂或者是条件交换的方式去满足孩子。"哇，我儿子考了第一名，真棒！想要什么？爸爸满足你。""只要你听话，你想要什么爸爸都给你买。"

"给"就要无条件地给，无条件地"给"就是一份单纯的爱的表达。

如果是有附加条件地给予孩子金钱物质上的满足，就是贿赂交换，而不是爱。这对孩子来说是有毒的。很忙很少陪孩子的父亲，他们往往能够提供给孩子和母亲在一起时完全不同的感受和体验，这就是父亲的魅力所在。所以在和孩子相处时，父亲需要发挥自己的魅力和特长，母亲则需要支持理解并配合父亲和孩子相处的方式，别去阻挡。

也许有的母亲会认为我的观点偏向男性立场，"身为父亲不能陪伴孩子，不找时间陪孩子，就是他的问题。我作为妈妈这么辛苦照顾孩子、陪伴孩子，还要我去理解他们？谁能理解我？"

其实，我并不是偏向男性立场要求母亲们应该做得更好，而是以我自己作为女性作为全职妈妈，站在女性与母亲的立场来分享自己的感受。

对于我个人来说，在面临任何生活困境的时候我都会去想：在现实不变的情况下，我可以做点儿什么能让生活更好（对孩子的成长更有益）？这是我的思维方式。"对方确实没有时间陪孩子，怎么办？""对方有时间，但就是没心思，没精力陪孩子，怎么办？"父亲在孩子成长中的缺席可能有些是现实原因，有些是个人原因，但无论什么原因，在这种情形下身为母亲的我们可以怎么做，是需要放下情绪用理性来思考的问题。毕竟，身为母亲的我们都是爱孩子的，希望孩子可以更好地成长，不是吗？

也许有人认为不管是什么原因，父亲只要没尽到教育和陪伴的责任，就是失职的，就不配称为父亲。这需要父亲自己去改正自己的问题，而不是要母亲委曲求全地替他糊弄孩子。

孔子有句话说：仁者无忧，智者不惑，勇者不惧。

所谓仁者无忧，意思是说：内心安稳的人对他人、对外在是不会有抱怨的。而生活中妻子对丈夫的不满，看似是因为丈夫不分担照顾孩子的责任，事实上其情绪的源头还是在于母亲能否真正享受当前的生活，能否从养育孩子这件事上体验到意义。

如果我们能真心认识到养育孩子，陪伴孩子成长是一件极其重要且有意义的事，那么无论对方怎么做，我们都能用心感受当前的生活，因为我们正在做着自己热爱的事：养育孩子，和孩子一起成长。当我们能够这么想的时候，可能还会在心里有些怜悯对方：因为缺席的父亲错失了、放弃了很多见证孩子成长和享受亲子温馨的机会。或许他们现在并不知道自己损失了什么，但我想可能有一天，他们如果回头便发现，自己生命中真正重要的东西都没有充分地感受过、享受过……但幸好，这些都是他们的损失，而不是我们的。

孩子不是父母生命的延续

有一次和一位家长聊天时说起她小时候想要学钢琴，遗憾的是家庭条件不允许，所以没有学成，但弹钢琴一直是她的梦想。现在有了孩子，她希望孩子能够好好学钢琴。于是便给孩子找了最好的钢琴老师来培养她。但是孩子看上去并不是那么热爱弹钢琴，不过这位家长的态度是：喜不喜欢不重要，小孩子不懂事，学什么都是要靠大人引导的。等她的技能提升获得成就，她就自然会喜欢了。

我顿时无言以对。不得不承认，说起来曾经我也是这样的妈妈：把自己的梦想强加给孩子还不自知。曾经在我的内心对穿着漂亮衣服走在闪耀T台上的模特有着无限向往，所以有一次孩子幼儿园组织模特走秀活动，我第一个给孩子报了名。可孩子却并不乐意，甚至有些不高兴。但在我的诱导下他还是参加了。我当时心想：只要他体验过了应该就会喜欢的。但在活动结束，孩子走下台来的第一句话就对我说："妈妈，这下你满意了吧！"

孩子说这句话的时候并不是委屈责问，而是真诚地询问。我能读懂他的内心独白："妈妈，我不喜欢穿漂亮衣服走在舞台上，但我知道你喜欢，现在我走完了，你开心吗？你喜欢吗？"

孩子的话让我万分震惊，同时我意识到，我这是赤裸裸地把自己未完成的梦想放到了孩子身上。我以为这是给他的一次美好体验，事实上这是我自己想要的体验并不是他想要的。 这件事成了我做妈妈的一个成长转折。

自此以后，我在每次想要替孩子做决定的时候，都会反问自己：这究竟是孩子想要的还是我想要的？我是否用自己的期待覆盖了孩子的感受？是否真正把孩子当作一个独立个体来尊重？每次在孩子人生的选择上是否真正从孩子的角度去考虑的？

其实，我们很多时候都会忘记了，父母和孩子是完全不同的个体。我们的梦想与期待其实与孩子无关。他有他的兴趣，他的梦想，他的热爱，他的追求。只有我们愿意为自己的梦想去努力，为自己的选择去承担的时候，才能放下大部分对孩子的期待和要求，才能去支持并真正看到孩子的人生方向，才能不需要孩子去成为我们生命的延续。

有许多父母在小事情上倒也是挺尊重孩子态度的，比如买件衣服，每顿吃什么都会询问他们的意见。但在一些大事件上，却依然延续着传统父母对待孩子的模式："做医生好，以后你就读医科。""艺术专业不行，没前途，还是做律师更靠谱。""你妈我自己当初没有机会上大学，你一定要努力学习考个好大学。"当我们想让孩子成为自己想要成为的人时，就失去了对孩子真正的尊重。没有把他们当成独立于自己的个体来看待，无意识地把孩子当作自己的所有物，把孩子的生命当作自己生命的延续。

早些年流行了很久的一句话叫"一切为了孩子"。其实当父母把自己生活的重点放在"为了孩子"上面时，便会不知不觉地把孩子作为自己生命的延续。

"为了孩子上好的学校努力工作挣钱买学区房，""为了孩子有个完整的家庭而维持着破碎的婚姻""只要孩子好，我自己什么都不重要。"

当父母人生的一切都是为了孩子在付出时，孩子的人生也必然要为父母牺牲。即使父母不向孩子提任何要求，对孩子来说内心中也背负着内疚感与责任。这种内疚感就像是一个枷锁，让孩子不得不承载起父母的人生。

从本质上来讲"一切为了孩子"是一个幻觉。

因为我们所有的人所做的选择和行为都是从自己的需求出发的。如果你问一问自己：为什么要生孩子？生孩子本身一定是为了满足我们自身的某些需求而做出的选择。于是我们无意识地会延续一种错觉：孩子似乎就是用来满足我们自己需要的。我们很自然地要求他们去实现自己未完成的梦想，弥补我们未实现的遗憾。

我们总会自以为是地把自己认为最好的东西给孩子，却忘了我们真正的使命是使孩子成为他们自己。如果不去仔细地观察孩子，认真地了解孩子，就会不自觉地将自己对生命的渴望和前途的规划强加在他们的身上，用我们的想法改写他们的命运。

孩子并不是缩小版的我们，而是一个与我们完全不同的独特灵魂。他有他自己的情感，有自己的追求与梦想。父母不能把孩子当作自己的所有物。只有当我们从内心深处真正地认识到这一点的时候，才能心甘情愿地按照孩子的需求去养育他们，而不是按照我们的期待去塑造他们。我们要努力让自己成为孩子的榜样和骄傲，而不是把我们自己的意志强加于孩子身上，通过孩子获得存在感，价值感，要求孩子带给自己骄傲。我们要支持他们，帮助他们去成为真实的自己，这才是我们作为父母的职责所在。

我们为什么要生孩子？你想过这个问题吗？很多父母都只会想该如何教育孩子，思考那些实用性的问题，但在我看来，知道为什么做，比做什么，怎么做重要得多。当我们做一件事的时候不知道做这件事的终极目的，便会在细节问题纠结不已。养育孩子，最重要的问题就是要知道，我们为什么要养育孩子，为什么要选择成为父母。对我自己来说，结婚也好，成为父母也好，这一切都是在懵懵懂懂中开始的。懵懵懂懂地按照所有成年人生活方向往前走。然后，一个小生命来到了我的生命中，我也就自然地成为母亲。却不知道，正是这样一个新的小生命却牵动着我的喜怒哀乐，影响了我整个人生与对生命的认识。

现在，对于为什么要生孩子这个问题我已有了清晰的答案，我也深刻地明白了，每一个孩子来到这个世界上并不是为了成为我们生命的延续。他们是来探索和感受他们自己生命的。他们是来走他们自己的生命之旅的，在这生命的旅途上，也许他们喜欢的不是我们喜欢的鲜花，也许他们爱好的不是我们爱好的乐曲，也许他们想成为的不是我们想让他们成为的人，这不值得惊讶，因为他们与我们本就是完全不同的两个生命。

如纪伯伦的诗所说：你的孩子，都不是你的孩子。是生命自己所渴望的儿女，他们是借由我们而来，却不是从我们而来，他们虽和你们同在，却不属于你们。

我们可以给他们爱，却不可以给他们思想，因为他们有自己的思想。

我们可以努力模仿他们，却不能使他们相像我们，因为生命是不倒流的，也不与昨日一同停留。

养育中的公平与不公平

在当前拥有两个或两个以上孩子的家庭越来越多。而养育两个孩子家庭中的父母们最头疼的事估计就是孩子们之间的"战争"。尤其是我们这一代,很多父母自己本身也都是成长于独生子女家庭,没有在自己家庭中同时生活着多个孩子的体验,这会让他们对自己同时养育两个孩子时的某些情形感到陌生,更容易在面对家中孩子们之间的"战争"时感到手足无措,不知道该怎么办。

在如何处理家里两个孩子之间的冲突时,网上有很多专家给出过各种意见。

最常见的一种态度就是讲求公平。讲求公平的家长认为:"两个孩子闹矛盾,父母不要偏袒任何一方,应该先找出是谁的错误来,然后给孩子讲明白是非对错,实事求是。该批评的批评,该惩罚的惩罚,该安慰的安慰。"道理听起来很正确。

但如何才能真正做到把孩子的官司断清楚?

哥哥认为弟弟错,弟弟认为哥哥不对,尤其是父母认为的公平并不是孩子认可的公平,都认为父母在袒护着对方,怎么办?到底该听谁的?

其实,公平对待两个孩子的理论本身并不合常理。

不同的孩子不同的需求如何做到公平对待?一岁的孩子每天和妈妈睡,妈妈抱,躺在妈妈怀里吃奶。对于五岁的姐姐难道也要同样对待才叫公平?

更不用说具体如何公平解决两个孩子的矛盾。我想就算是可以,也没有父母愿意一天到晚给孩子做裁判。毕竟在面对着两(多)个自己投注着同样关爱的孩子来说,身为孩子的父母也的确不应该把自己放在裁判的角色。我们的目标应该是要帮助他们学会如何相爱,而不是做裁断对错的法官。法官做裁决的时候需要讲求公平公正,但家庭不是法院。

还有一种是:鼓励孩子们的冲突自己解决。大人不参与。这样的态度本身是值得推荐的,发展孩子与同伴之间的沟通协调能力,学习自己处理与同伴的关系。

但却有的家长把这种鼓励理解为"大撒手，不管。"孩子吵也好，打也好，由他们来。 如果这类父母真是完全放手不管倒也还好，可是，"不管"的父母也并非是真正的不管，往往是到最后场面失控姐姐哭弟弟闹，乱作一团时，他们也会耐不住内心的烦躁，上来便是雷霆之吼加上言语威胁，接着把发生冲突的孩子双方各打三十大板来以示公平，然后收场。 这是鼓励孩子自己解决冲突？鼓励在哪里？解决冲突的方式是什么？

这样的家长其实是丝毫没有尽到应尽的教育引导责任，是失职的。

旁观者从这个情景中看到的就是情绪化的家长和委屈的孩子们。

鼓励让孩子们自己解决他们之间的纠纷，目的是让孩子在解决冲突中获得成长。

这样的不管，孩子收获的是什么呢？到最后每个孩子收获的只会是一肚子委屈。

不要以为"不管"就代表没有父母的事了。别忘了"不管"比"管"要难得多。因为需父母做工作的地方更多、更隐蔽。更需要父母去用心观察，自己什么时候该说什么，不该说什么，什么时候该做什么不该做什么……

当孩子发生矛盾冲突时，作为监护人的家长一定要对事件的前因后果有所了解，对每个孩子的实力、个性有充分的了解，并能基本把握事态发展的方向和冲突程度。在做好这些工作的前提下放手才是对孩子的鼓励与信任。

比如说一位8岁的孩子与一个3岁的孩子已经动起手来了，我们自然不能说任由他们自行解决。很明显，他们的实力相差太大，这样的情况必然需要成年人的介入。

说到底，当孩子之间发生冲突时，鼓励他们自行解决是优先考虑的方案。这些发生在家庭内部孩子们之间的冲突，也是他们学会了解自己，理解他人感受，学习如何去理性表达自己情绪和需求的机会。

但绝不能不分情况地都以"孩子的事让他们自己解决，大人不要参与，"这样一句话推卸了作为家长应当承担的责任。

作为成年人我们都知道，关系的处理是需要学习的。对于成长中的孩子来说与兄弟姐妹之间相处，更是在冲突中学习的。他们兄弟姐妹之间的情感也是在冲突与和好之间发展的。

对于父母来说首先要做的就是接纳孩子们之间的冲突，不要期待孩子之间能够永远和谐。要在接纳孩子们发生冲突是难以避免的这一现实基础上，去理解、解决问题。

孩子之间发生的任何冲突，从深层次去理解就会发现他们的本质都是在寻求关注，甚至是争夺父母的关注与宠爱。只要我们能够理解了这一层本质，任何矛盾或问题就会变得简单。如果不能看到问题的本质，只是在现象上面打转，那养育孩子就必然是一件让人疲惫不堪的事。

从本质上来说孩子都是乐于配合父母，期望着自己获得父母肯定，不愿意给父母惹麻烦的。

一般来说，如果孩子对自己被爱这件事充满信心，在日常生活中获得过足够多的积极关注，就不太容易和自己的弟妹斤斤计较，更容易表现得谦让。不过这个道理也并不是在任何时候都通用。孩子虽是孩子，他们也一样有他们自己的烦恼和压力，免不了会有情绪冲动或是低落的时候（尤其是大孩子）在这种时候如果和弟妹发生矛盾就不那么可能表现得谦让大度。

说这话的目的是提醒父母：千万不要用一条正确的道理去套用生活中的种种情形。因为有的人可能会在获知某些正确理论之后，拿孩子的行为去套用理论。当发现孩子的行为（因小事和兄妹争执不让）不符合理论上的预期就开始自我反省检讨，或者是对孩子生气失望：是不是我给孩子的爱不够，是不是我对孩子的关注不够，我哪里做得不够好才导致孩子会这样？或贴上标签：这孩子就是气量小、爱计较……

如果在孩子之间经常性地出现明显的欺负性行为，这可能就需要从父母对待孩子的态度上，与孩子之间的关系上去思考问题。在有两个孩子的家庭中，这样的话要列为禁忌：你是哥哥（大的）要让着弟弟（小的）。我们有很多理由请求大的孩子谦让，但"身为哥哥应该要让着弟弟"这是最牵强的理由，是最容易激起孩子愤怒的说辞。

我们作为父母也不能够推卸自己的责任，把小的孩子交给大的孩子来看护。在我们的家庭中，虽然诺是哥哥，但我从没有以"他是哥哥"为理由，要求他照看弟弟来方便我自己。有需要的时候我会请求他帮助，但也会做好被拒绝的准备。如果他不同意帮忙我也会调整自己的安排，而不是要求孩子配合我。

有两个孩子之后一定不能忘：大的孩子再大他也只是孩子，孩子的天性是自由洒脱地寻找自己的生活乐趣，照看另外一个孩子绝不是他的责任。无论做父母的有多辛劳，养育孩子都是我们自己的责任。哥哥（姐姐）愿意体谅父母帮助我们照看弟弟妹妹，满足我们的期待，只能是因为爱，不能被要求。

在我看来二（多）孩家庭中最需要的"公平原则"就是：把两个（所有）孩子都当孩子。而不是把年龄大的孩子当监护人来看待。父母若能明确自己的责任，孩子之间的纠纷就会少很多。

当孩子之间发生矛盾时，父母最好首先应该去倾听大孩子，听听他怎么说，然后再去关注下面的。我们需要有意识地帮最大的孩子树立他们身为哥（姐）的尊严，这一份特别的尊重会让他们产生责任感。孩子的谦让也不能被要求，只能因爱与责任感而产生。

家里不管是有几个孩子，即使父母做得再好、考虑得再周全、关注得再多……孩子偶尔受些委屈也是无法避免的。尤其是力量小一些的孩子。父母不要把这件事情想得太严重，别想着要求自己做到绝对的公平，不让任何一个孩子受委屈，更不要把这些归结于自己的失职。这不见得是件坏事。孩子们所需要的其实是：在委屈之后，能否获得父母更多的关注，更多被爱的表达。父母要能够看得到孩子所体现出的委屈。能被父母看见，能被理解的委屈就已经不再是委屈。

最后我们再从另外一个层面来看孩子之间冲突的问题。

很多时候我们看到孩子之间发生矛盾冲突时，思考路径不但要聚焦在解决孩子之间的问题上，包括倾听，理解。同时还需要把解决孩子之间矛盾的注意力拉回到自己身上：看到自己身在这三角关系中的感受和内心的期待。如果我们不能理解自己的感受，看不到自己的需求，甚至连关注的视线都无法在自己身上停驻，也就不太可能真正理解得了孩子，理解得了问题。

当两个孩子之间产生矛盾时，我们要先问自己，作为父母我们的感受是什么？着急？心疼？焦虑？烦躁……如果你的感受是心疼，那么如实地向孩子表达自己的感受：作为你们的妈妈，我很心疼。你们都是我的孩子，你们之间发生矛盾，不管是谁受伤害受委屈了，妈妈都心疼。 如果我们能够看到自己的这一层感受与需求，就能够更有诚意地请求孩子的配合。

这一层面的理解很重要，目的是不要把孩子作为问题制造者，把家长当作高高在上的裁决者。而是要看到我们自己在这其中的需求，并请孩子来配合满足我们需求，这会带给他们力量感，会更乐于有合作的行动。

也只有当我们能够这样深刻理解问题的时候，才能对孩子抱有谦逊而又真诚的态度进行谈话。养育中所面临的任何问题也都不再是问题。

PART2

第二部分

自信是什么？

我们从小到大听到的一个词都是"别人家的孩子"。别人家的孩子如何如何，别人家的孩子学习怎么好，别人家的孩子怎么擅长社交，别人家的孩子怎么自信大方，光芒万丈，神采飞扬，这一切一切让我们感到别人家的孩子是无所不能，无处不在，无一不好的偶像和榜样，是我们奋力追也追不上的梦想。

我们长大也做了父母以后，大多数也都希望自己的孩子在生活、学习、社会交往中能表现积极，能主动参加各种活动，能主动与人交往，能与同伴建立起良好的关系还能够勇敢地面对困难，大胆去尝试，自信而又耀眼，实现家长的梦想。

而有的孩子却往往不敢主动参与活动，不敢主动地提出自己的意见和看法，不敢在众人面前展现自己，遇事情会退缩，不敢大胆地迎上去。所以父母就认为，这都是因为孩子不够自信的原因。因为不自信，所以不能很好地展现自我。因为不自信，所以不敢去勇敢地跟别人交流和沟通。因为不自信，所以不能勇敢地面对生活中和学习中的各种困难和挫折。所以有些家长认为不自信是一切问题的症结所在，不自信是孩子不够优秀的源头。好像只要自己的孩子自信了，自己的孩子就会像别人家的孩子那么优秀闪耀。于是问题来了，如何让孩子变得自信呢？

关于"如何培养孩子的自信心"，网上有着多得数不清的文章，林林总总，随便一搜索就能轻而易举地找到"如何培养孩子自信心"的建议。有些老师这样对家长说："让孩子多学点儿才艺，会的东西多就自然有自信了，所谓腹有诗书气自华嘛！"。家长一听："嗯，有道理。"辅导班，安排！

为了让内向腼腆的孩子更自信，家长便带着孩子学习这样那样的技能，奔波在各种辅导班之间。比如听说多上舞台能锻炼孩子的自信心，便赶紧带孩子去上播音主持班；听到哪位专家说女孩练台步能够培养她们的自信心，便赶紧给孩子报上少儿模特班；见到掌握了某样技能的孩子展示出充满自信光彩的魅力，便让自己的孩子去学……理由是："会××的孩子会更自信"。可是真的是这样吗？多学习这些技能，多上这样的辅导班，真的会让孩子变得自信吗？

只能说，盲目跟风的父母，不仅没有把孩子的特质当回事，更是搞反了获得自信心的因果关系。如果家长把孩子的个性当回事，就不可能对养育这件事得出通用性的结论。因为就连孔子都提出要因材施教，每个孩子都是有差异性的个体，并不是千篇一律的半成品。

还有的人会认为"自信是一种面对什么情景都不害怕，相信自己什么都行的傲气"。其实现实生活中没有一个人是什么都行的，什么都会做的，这只是一种对"无所不能"的幻想与崇拜。这样的人内心往往是充满恐惧的，因为害怕自己真遇到解决不了的事时就会崩溃了。所以自己戴上了一个壮胆的面具。带着这种巨大的恐惧的自信只是一个假象。这种情况下一个人表现得越自信，他们的内心可能就越不安，害怕自己不行，害怕自己失去价值。这种表现出来的自信，不过是为了阻挡内心的不安和恐惧，也不可能是真正的自信。

我们对自信的很多错误认识，其实是因为现实中我们本身并没有真正的自信过，从来没有深入思考过，也说不清楚到底什么才是真正的自信。

我们如果不清楚什么是自信，想要获得就很困难，就像是要去一个地方却不清楚目的地。自己都不知道自己想要的是什么，又怎么会得到呢？又从何处得到呢？

有次我陪孩子玩游乐场的高空滑梯，滑梯很高，很刺激，很吸引孩子，很多孩子都在这儿玩得很欢乐。旁边有一位小朋友一直想尝试却又有些不敢，

自信是什么？

他的妈妈在旁边对他说："怕什么呀？没什么好怕的。自信一点，你可以的。你看，这么多小朋友都可以，你也可以的！"孩子仍在犹豫着，妈妈大声对他说："不用怕，很安全的，赶快滑下去。"然后孩子半推半就着滑下去了。估计是体会到了滑梯的乐趣也消除了恐惧，喜笑颜开地跑回来。孩子挑战成功了，孩子的妈妈也欣慰地微笑着和边上的另一位妈妈聊："这孩子从小就胆子小，缺乏自信。"

孩子不敢去尝试不能就简单地给他贴上不自信的标签，是这位妈妈没有理解孩子的感受，没有看到孩子的恐惧，在孩子没有准备好的时候就急匆匆地推着他去行动。

事实上，当孩子在面对陌生事物的时候，对于他所不了解、不擅长的东西感到不自信，这是一个自然的状态，孩子拒绝尝试是根据自己的感受做出的选择。如果我们太强调孩子应该要自信，只有自信才是好的，不自信就不对，只会让他拼命地想要去掩盖自己的不自信，从而更难获得真正的自信。

所有人的经验都是有限的，外面的世界是广阔无限的，充满了各种各样的未知，怎么可能有人一直是自信的？

自信是需要从体验中得来的。自信是一种历尽千帆后的从容，自信是一种笑看风云后的豁达，孩子的成长经历一般来说是浅显和单薄的、如果希望孩子拥有自信，唯有去增加他们的体验。增加他们的阅历。去让他们接触生活中所不常接触到的事情，去让他们体验生活中所不曾体验过的内容。这是一条没有捷径的道路。只有经历越来越多的事情，积累更多的经验和丰富的知识，特别是在经历一些困难和险阻，处理一些特别棘手难解决的问题之后，才可能越来越自信。

如果希望自己的孩子自信，但却不允许他们去探索和体验，那自信只能是无源之水，无根之木。只有允许孩子去探索体验，特别是用他们自己的方式去探索，去思考，去体验，去感受，慢慢地积累起对这个世界的认识，才可能逐渐建立起自信，那才是属于他们自己的自信，一种真正发自内心的对万事万物有把握，不畏惧，不茫然的自信。

而探索，其实是未知的，是充满风险的，是可能会失败会犯错的。但也只能是在错误和成功的经验中不断摸索后，内心越来越有底气有经验后，自信才会随之而来。因为经过这些经历，孩子有了面对困难的底气，有了面对挑战的勇气，这一切才会变成孩子的自信，发自心底的自信。

如果家长不允许孩子犯错，不允许孩子失败，不允许孩子退缩，而是一味地把毫无准备的孩子往前推，孩子其实很难建立起真正的自信。

拥有自信是需要多体验多尝试的。但不能在孩子没有做好准备的前提下，推他们去体验去尝试，这无助于发展他们真正的自信心，只会让他们有更多的恐惧，无奈与压迫感。又怎么会自信呢？

获得自信需要多尝试，但尝试过程中父母的支持与推动力要与孩子的感觉保持同频。当孩子对事物感到新鲜好奇想要参与的时候，别用我们的担心与关心捆绑住他们探索的脚步。给孩子空间让他们去发挥去体验，并在行动上支持和鼓励他们。当他们还没有准备好、想退缩的时候，接纳允许他们重回安全空间。这些就是父母的工作。若不去与孩子的感受连接，一味地推他们向前，则分不清是在培养孩子自信，还是给孩子制造被强迫的无力感。也许从短时间看来是有所获得，从长远来看却可能是对孩子生命力的破坏。以为是在帮助孩子获得信心，其实却是在做着伤害孩子自信的事而不自知。

如果说自信是能让一个人自己相信自己的能力，而这并不是通过学习各种技能就可以获得的。从外在来说需要父母为孩子创造探索、体验的机会。从内在来说要让孩子相信父母永远是自己坚强的后盾，自己永远会被父母所接纳所爱。这才是让孩子获得真正自信的基础

孩子真正的自信便是由内在被爱被接纳形成的高自我价值感，与外在的丰富经历体验所构成。刻意地培养孩子的自信往往会影响孩子真实自信的构建。

从"自卑"到"自信"是我走过的成长之路，正是由于在这途中我对自信有着很多切身的体验和感受，加上通过观察孩子的成长发展规律，对自信心有了更多细致的思考所以才有了我对自信的理解。希望我个人的体验和思考能够让父母们对孩子、对自己有更多的认识。同时越来越深切地感觉到，对于生命来说，很多真正宝贵的东西都是无法通过培养获得的。

自律是什么？

相信每个妈妈在怀胎10月的时候都会对自己即将来到这个世界的孩子有一份期许和盼望。对自己理想中的孩子有一个模板。在那时候你希望自己的孩子是怎样的呢？可能我们都希望孩子是聪明的，希望孩子是漂亮的。当一个小婴儿变成了一个可以哭可以笑，会叫妈妈，会叫爸爸的小幼儿，这时候你会不会又有了更多的期盼呢？也许我们也会盼望着他们变成沉稳自信、自强自律的孩子。变成一个有着各种良好品德习惯的优秀孩子。

自律，便是其中一种。

如果我们问为什么要自律？有人会告诉你："在五彩缤纷的社会生活中我们会面临很多诱惑，生活中也有很多困扰与烦恼。人如果缺乏自律与定力，不懂得约束自己，就很容易失控，以致随波逐流，迷失自己，成为受外在牵制的奴隶……"还会告诉你："不自律的人将会成为一个失败的人，将会拥有一个一事无成的人生。""不自律的人就是情欲、欲望和感情的奴隶。"所以，人要自律，只有自律的人才有可能获得成功。真正优秀的人大多都是自律的。

如果我们问如何才能学会自律？网上很多文章都会指导你。它们会告诉你："几条法则，照着做就能学会自律……"但，如果问自律是什么？很多人会对这个问题不屑一顾。他们会认为这个答案太显而易见了，不值得一问。"谁还能不知道自律是什么？"可是，大家真的都知道自律是什么吗？

正是因为大家都认为这是所有人都应该理解的概念，所以恰恰不会有人去认真思考这个概念的真实含义是什么。当我们在追求一样东西的时候，都要先知道：这个东西到底是什么。只有认识了它是什么，透彻地了解了它的本质，我们才能找到正确的途径去获得它，拥有它。所以我们需要思考，我

自律是什么？

们要的自律到底是什么，什么样的人才是自律的？

自律的名词解释是"自我约束"。这是书面上的解释，现实中大部分人对自律的理解是：通过磨炼获得的一种内在品质。自律意味着自我约束与克制。意味着自我的管理与磨炼。

什么样的人是自律的人？通常人们的理解是：能够按照自己的规划来严格约束自己行为的人，就是自律的人。

在人们的通常概念中，那些为了减肥，严格控制自己口腹之欲的人是自律的；为了强健身体，每天坚持体育锻炼的人是自律的；还有放暑假后还能每天按时起床，作息时间十分规律，不需要父母监督和催促就能自主完成作业，安排游戏、学习的时间，这样的孩子是自律的。但，这是事实吗？这样的自律是真的自律吗？其实我们并不能从外在行为上分辨一个人是否真正自律。我们需要看到一个人行为的内在驱动力是什么。孩子是不是在心里深处要去自己完成一件事，而不是受到外界压力才去做，这点是非常重要的。

人类所有外在行为都由内在动力所驱使。驱动外在行为的内在动力分为两种类型：一种是因为恐惧，另一种是因为爱。

节食的人，是因为恐惧肥胖还是单纯享受节制进食欲望而带来的满足感？每天锻炼的人，是因为恐惧失去健康还是真正享受锻炼带给自己的酣畅淋漓？自觉学习安排好生活的孩子，是因为恐惧父母责备或惩罚，还是因为真正体验到规律生活带来的乐趣？前者，是被恐惧所驱动。后者，是被热爱所驱动。背后的驱动力不一样，行为的性质也不一样。

被恐惧驱动的自律不是真自律，而被爱驱动的自律才是真的自律。

同时，被恐惧驱动的自律往往可能会伴随有高度的反弹。因为克制与磨炼是对自我内在的苛求和亏欠，人总是要找到一个地方来弥补和平衡自己的。仔细观察生活也许你会发现：在某一方面（某一段时间）过度自我克制的人，在另一方面（另一些时候）会过度地自我放纵。

比如那些在父母监督下，能够"自律"地管理使用电子产品时间的孩子，等父母监管不到的时候，可能会不惜荒废学业（工作）报复性地玩游戏。

自律，的确是需要我们按某些规则来约束自己的行为。

但并不是所有自我约束、自我控制并获得良好结果的行为就叫自律。但何谓真自律？其实它的重点不在于"律"而在于"自"。

自律的约束，一定是心甘情愿的自我约束，而不是为获得某种结果的自我约束。约束自己的规则，不是来自于外部而是来自于内心真实的意愿。这样的自律才能称为真自律。

真正的自律是一个人遵从自己真实心意的行为选择。真自律的人，也绝不会标榜、强调自律。因为他知道，自己的自律其实只是在为自己的人生选择负责。真自律的人，从自律的过程中就已经获得了自己想要的，不需要再通过"好的结果"来补偿自己在恐惧的驱动中所消耗的意志力与生命力。

如果我们并不真正理解自律，而只是因为那些是正确的道理，或通过自律会获得"好结果"去追求自律，那我们永远也得不到"真自律"。永远只能做个被恐惧驱动着往前跑的人。只有真正爱生命、爱生活的人，他们为自己人生负责从而愿意自我约束，他们的行为是由爱驱动而不是恐惧。这样的自律，才是真自律。反过来说，不自律的人并非缺乏强有力的约束。不自律的本质是不能为自己的人生负责，因为他无法真正热爱自己的生命，找不到活着的意义。

所以，真自律，对于成年人来说，需要的是找到自己存在的价值。找到自己真自律的动力源泉。对于孩子来说，需要的是尊重他们的个人感受。

最重要的是我们还要懂得：生命的目的不是"学会自律"。自律，只是为我们更好地领悟与体验生命而存在的。为了追求所谓的自律而消耗了人对生命的热爱与期待，这是真正舍本逐末的事，是得不偿失的。

我们期望将来孩子可以做一个热爱生活，有所成就的人。那就先从尊重他们的自我意识开始吧，让他们按自己的节奏，按着在我们看来自律或不自律的行事准则，允许他们以顺从内心感受的方式去做自己。

换句话说，要想孩子以后能真自律，需要先允许他们不自律。

习惯是什么？

很多父母都会为孩子身上的坏习惯而忧心忡忡"拖拖拉拉，不专心，马虎大意……"父母对孩子的期待都是"写的时候就认真地写，玩的时候就开心地玩儿""做事情不能三心二意""学习态度一定要端正"等等，这些训话简直是耳熟能详。尤其是对刚上小学的孩子，几乎所有的老师都会反复强调好习惯对于孩子学习生活的重要性，不断提醒家长要帮助孩子培养这些习惯。比如说课前预习的习惯，收拾文具书本的习惯，认真听课勤于思考的习惯，课后自觉复习的习惯，按时完成家庭作业的习惯……还包括很多生活习惯。总之，每一个习惯都非常重要，都关系着孩子的学习成绩，关系着他的未来生活。

还有人说：儿童教育就是培养好习惯。

在小学新生家长会上，老师都会说："家长们辛苦一年帮助孩子把这些习惯建立好了，以后孩子轻松，父母和老师也都轻松了。"听起来，作为一个负责任的家长的确应该帮助孩子建立起好的学习习惯。以这样的认识来看：我们只要帮助孩子把这一个个的好习惯养成了，养育孩子这件事情就成功了一大半。

所以市面上关于如何培养孩子好习惯的指导书也是多如牛毛，暂且不谈论培养这些习惯具体操作是否可行的问题，更令我感到好奇的是，在我们想要费心帮孩子培养习惯的时候是否真的去思考过：习惯是什么？什么样的习惯是好习惯，什么样的习惯又是坏习惯？好与坏的标准来自哪里？由谁来设定？

通用解释就是：习惯是人们在长期的生活中形成共同的，相对稳定且有规律的行为方式和反应倾向。"自然而然，不假思索地去控制行为"这是习惯的一个重要特点。这个关于习惯的解释让我联想到了"程序设置"这四个字。难道不是吗？我们在给孩子培养习惯的时候，就好像是在给机器输入一套程序，然后让它以后都按照这套程序来运行。比如：每天准时起床，严格按照日常作息时间来生活。的确，从效率上来讲这省时省力很高效。

但人不是机器，人是一个有情感有思维有感受的高级生命体。只要是有情绪有思维的生命体，他的情绪与思维不会是亘古不变的，而是每时每刻都在变化着。

要求孩子按习惯去生活和机器按程序去运行，从本质上来讲没有区别。

所有那些属于孩子会有的"坏习惯"，我的孩子都有。但是我从来没有认为这是"坏习惯"。他经常会在写作业的时候不够专注，一边写一边东摸摸西玩玩，这些会影响他的作业质量吗？影响他的书写速度吗？坦白地说，会。

但我不认为这是问题。孩子能够自觉安排完成作业，就已经是一个很大的好习惯了，我们没必要再去挑剔他做得不够完美的地方。不仅如此，孩子其实是很有分寸的。虽然我不向他强调好习惯，但孩子对自己的事情有责任意识，所以他在行动时不仅会有自己的分寸且会主动根据需要调整自己。

就像尹老师描述她的孩子圆圆一样。比如说，如果哪一天作业比较多，时间可能会不够，他做作业的状态也自然地会专注起来。相反，如果特别强调好习惯，也许就看不到孩子的自觉意识，孩子也没有机会根据现实需要调节自己的行动。

对于我来说让孩子发展出他的选择意识，独立意识，自主意识，调整意识……比单纯地强调好习惯要重要得多。不仅是学习方面的习惯，生活中的各种习惯我也没有强调过，比如个人卫生。如果父母不强调讲究卫生的好习惯，孩子就一定是不讲究卫生的人吗？并不是。他仍然会根据自己当时的需求去调整自己的行为和生活方式。有时可能会邋遢，有时也会干净整洁。这在我看来不仅不是问题，还正是一个孩子的真实状态。

武志红老师说过这样一句话："最糟糕的一种暴力，是拿最常规而琐细的社会规范来要求孩子，以及自己。"当我们把孩子的学习、生活这个整体，细化成一个个的好习惯，再一个个地去培养时，就是在拿常规而琐碎的规范来要求孩子。遗憾的是，我们对此并无觉知。

在我的原生家庭中，小时候从来没有在家里吃上过有规律的三顿饭，晚上八九点吃晚饭是常事，有些时候饿得头晕眼花家里还没有做饭、我就在这样不规律的生活中长大的。但在我婆家却是完全相反的一种情景。婆婆是一个做事情麻利有条理，且特别强调好习惯的人。她特别重视按时用餐这件事，对于她来说按时吃饭的好习惯非常重要。有些时候即使不饿，少吃点也得吃。

对于孩子来说基本稳定的生活能够带给他们安全感，这很重要。但比起规律的好习惯，能够拥有根据自己感受做选择的自由更重要。

"以人为本"是我生活的宗旨，任何时候我都会把感受放在第一位。我希望自己的每一个行动都是从自己的需求和感受出发，而不是出于某种习惯。我希望能根据自己身体的需要而选择用餐时间，而不是为养成按时吃饭的习惯来进食。当然，我也可以选择为了满足一家人一起吃饭的团聚感而按时吃饭，也可以是为方便饭后的收拾工作而选择按时吃饭。但任何一种选择都是基于我自己的意愿做出的，而不是为了"养成好习惯"。

对于孩子的成长来说，没有规律的生活连成长所需的基本安全感都得不到，这当然对孩子的成长很不利，太着重于强调遵循好习惯的生活，也会让人感到痛苦和约束。所以我选择按照规律的时间准备好饭菜。至于孩子想要在什么时间吃可以由他选择。不会为了强调好习惯而忽视人的感受。某个习惯再好，如果需要我们违背自己的感受去遵循它，就不能说它是好习惯。孩子的生活习惯，学习习惯也同样是如此。

根据自己的感受调整外在设置比严格地恪守某个好习惯重要得多。

也可以说我是一个没有任何习惯的人。我所有的行为都不是出自于"习惯"。因为我知道自己在做什么，也知道自己为什么这么做。

习惯是什么？

比如说进家门时换上拖鞋。这是习惯吗？不是。是因为我想体验换上拖鞋后轻松随意的感觉。起床后要整理被子，每天打扫家居卫生，这是习惯吗？不是，是因为我想体验环境整洁的感觉。当我不想体验的时候，或者说我有其他的需求大过于这些体验时，我也会不这么做。

没有被好习惯所限定，这一切对我来说都是自由的，都是随心的。

我在写《刻板行为》这篇文章的时候提到过，任何习惯，其实都是一种刻板行为。只不过我们把这些刻板分为好的和坏的。被社会环境所接纳的刻板，就称作为好习惯。不被社会环境接纳的刻板，就称其为坏习惯。我没有任何好习惯。但我也不认为自己有任何坏习惯。

对我来说最好的习惯就是：根据当下自己的感受和需求去生活。带着自己的意识，带着自己的觉知去做每一件事。无论是我的语言习惯中，还是我的大脑思维中都没有"习惯"这两个字。所以我从来没有向孩子强调过应该养成什么习惯。也没有评判过孩子的任何行为是好习惯还是坏习惯。

对我来说生活是体验，是过程，我会根据自己当时的需求去行动。任何习惯意味着无觉知、出于自动反应地做事情。如果我们能带着觉知去生活，自然也就会根据身体的需要调整自己，根据自己的感受和需要去行动。

事实上，我们很多行为都是出于无意识的习惯。所以我们也会习惯性地要求孩子也像我们这样生活。如果孩子能够习惯性地去主动学习，用好习惯去生活，的确会让一切看上去都井井有条，让父母更省心，省力。

但我们也要知道，在任何习惯中都没有觉知，没有自主意识。因此就不会有真正的成长，就找不到人生的真谛。

哲学家萨古鲁说：

"习惯，可以说是我们为自己创造的监狱，虽然它看起来很有效率。但效率并不是生命所追求的。生命追求的是自由。

如果自律没有选择，那么再井然有序的生活也会让人感到窒息，会让人觉得是一种枷锁。

习惯并没有所谓的好坏 —— 所有的习惯都是不好的。

只有当我们去掉习惯并带着觉知去感受生活的时候,才能够真正地体验到什么叫活着,才能够认识真正的自我。"

如果说作为一个母亲在养育孩子方面有什么期待的话,那么我的期待便是自己能够帮助孩子成为一个真正有觉知力的人。不谈习惯,因为我希望孩子的心不被先入为主的观念和偏见所塑造,希望他可以自由地由自我的认识和感觉去发现那些超越他自身的事物。

坚持是什么？

有句话叫贵在坚持。无论是古人还是今人，都很看重这种品质，并且有不少人用作诗赋词来赞美这种品质，坚持是什么？"咬定青山不放松，立根原在破岩中。千磨万击还坚劲，任尔东西南北风"。我们都知道郑板桥的"竹"画得好，画得绝，却没想到他写竹子的诗也这么好，也这么有力而磅礴，给人无限向上的力量，更给了人坚持下去的勇气。这是传统意义上我们对坚持的理解。

假如孩子是一棵刚冒出土的竹子，直到长大，要经历多少风雨呢？开头"咬定"二字，已经奠定了人生的基调，那就是时刻咬牙坚持，哪怕千磨万击，哪怕东西南北风，只有经过了无数次的磨难，而且从来不畏惧来自东西南北狂风的击打，才能长成英俊挺拔的身姿，才能长大成人呢。

在教育方面，我们也要求孩子向"竹"学习，要做到君子有节，自有风骨，贵在坚持。可以说，在每一个家庭教育中，坚持的力量被无限放大，被供上了神坛。

我们时常能在生活中看到很多鼓励人们要"学会坚持"的励志小段或鸡汤美文。在教育领域，培养孩子坚持的个性特质也是重点议题。学校长廊上或教室里面的励志名言，常常见到这些话："毅力使人成功，毅力来自于毫不动摇的坚持""成功的秘诀在于坚持""只要能坚持不懈，终会有成果"。这样的标语，比比皆是，随处可见。

在这个网络科技异常发达的时代，我们还会利用网络资源来督促自己更好地学会坚持。

早睡早起是个好的生活习惯，所以我们要坚持做到早睡早起……于是有些人便成立了"早睡早起"打卡微信群来互相激励。

运动能让人身体更健康，所以我们要坚持每天做运动……于是有了"30

天运动打卡"训练营来提醒自己每天运动。

阅读是每个人都应该养成的好习惯，于是学校开展21天阅读打卡活动，帮助孩子学会坚持每天阅读，父母都希望自己的孩子是一个有毅力的人，而能够坚持的人就是有毅力的。所以在培养孩子的毅力时脱口而出的话常常是："你要坚持每天练习半小时书法，要坚持每天做一小时运动，要每天坚持阅读一个小时，要坚持每天早晚刷牙，要坚持每天完成作业之后再做其他事……"

"坚持"也是很多人的生活哲学，是日常生活中脍炙人口的概念，是最被值得夸赞的品质。

只是我们在强调坚持，要求孩子去坚持的时候，往往并没有认真去思考过：什么是坚持？自己所坚持的又是什么，为什么要坚持？

不知道其他人有没有想过这样的问题：虽然早睡早起是个好的生活习惯，可我并不想拥有这样良好的生活习惯，更想随意的作息。那我该坚持早睡早起吗？运动能让人身体更健康，但我并不喜欢运动，对于我来说生命在于静坐，休息，那我该坚持每天运动吗？阅读的确有利于成长和学习，但我就是看不进书本上的字，那我应该强迫自己去阅读吗？对于这些，有毅力懂得坚持的人或许会去做。

他们习惯于在自己想要偷懒的时候鞭策自己前进，决不会轻易松懈；习惯于在自己想要放弃的时候给自己找到坚持下去的理由，决不会轻易放弃。而坚持的最大价值也就体现在：用意志力去推动一个人去做他原本并不那么想做的事，这就是坚持。

当一个人很喜欢做某件事，并能长时间沉醉在这个过程中时，他绝不会感受到自己是在"坚持"什么。比如一个很享受晨跑的人，他不会认为自己需要坚持早起晨跑。晨跑对他来说是一种享受而不是负担。比如一个很爱阅读的人，从来不会认为自己需要坚持每天阅读。因为他能从阅读中找到无限乐趣。一个热爱工作的人从来不会认为自己在坚持着每天工作，因为他能够从工作中找到意义，找到自己的价值感……在真心的热爱之下，在能够为这件事情找到意义的情况下，我们从来不会感觉到自己是在坚持，也不需要去坚持。

再比如说，我们从来不会说自己坚持每天吃饭，每天睡觉……因为这不是坚持，这是维持自己身体运行的日常需要。我们也不会说自己坚持追某个电视剧，坚持刷抖音，坚持刷朋友圈……因为做这些事情完全不需要动用人的意志力，反而是意志力最放松的时刻，是让自己从中得到乐趣的时刻。

什么时候才需要坚持？当一个人的真实感受与生活信念或外在要求发生冲突的时候才需要坚持。认同后者就需要动用意志力上的坚持。追随自己的感受或许也可以称之为坚持"坚持自己的感受"，但这样的坚持不需要动用头脑中的意志力，它是受非头脑层面的内在力量驱动的，也就是说，它是从你心里深处发出来的，不需要去强调，也不需要去努力的推动。

坚持，就是你在不想动的时候，内心挥舞着的一条让你动起来的鞭子使你不得不去做，坚持是对自己意志力的一种考验与督促。

"你应该坚持下去""你必须要再努力"坚持就是当你感觉不想做某件事的时候，内心有另外一个声音告诉你："一定要去做这件事，你应该要去做这件事。""我应该要坚持每天体育锻炼""我必须要坚持每天做完作业再看电视""我必须坚持每天练习钢琴"，父母对孩子所发出"要坚持"的指令和期待，就是父母手中鞭策孩子的鞭子。它无形而有质，它用肉眼看不见，但力量强大。久而久之，这根原本由父母手握着的鞭子就会内化成孩子自己心中的鞭子，催促着他前进，督促着他违背自己内心深处的想法去做自己并不喜欢做的事。

我们每个成年人心中鞭策自己的那根鞭子，也正是这样形成的。明明不想做，却总感觉不能不做。明明知道这不是自己想要的，却也感觉不到自己想要什么……一个人自己与自己的感觉就这样开始背离。

有时候，能坚持的意志力越强，与自己的真实感觉背离得就越远，意志力与自己真实感觉的战争也就越惨烈。强调坚持，是用人的意志力鞭策自己，

49

是给自己打鸡血。而完全以意志力驱动去获取的外在成就（绩），其内在付出的代价是惊人的。

　　代价就是：离自己的感觉越来越远，越来越不知道自己想要什么，自己想做什么。自己真正喜欢什么，也分不清楚什么是自己想做的，什么是自己认为应该做的，什么是被其他力量驱动着去做的。

　　一个远离了自己感觉的人，不是他自己的主人，也从来没有做过自己的主人。不过大部分人都对这种代价习以为常且不以为然。同时这也是主流文化所提倡的。它符合我们的传统价值观，符合我们一直以来所认同的观念。

　　但一直以来的观念就是对的吗？

　　在我的意识中没有"坚持"这个概念。所以我从不要求孩子要去坚持什么。对于自己喜欢做的事情自然就能够一直做下去，对于自己不喜欢的事情也无须坚持。这是我的生活哲学。所有需要坚持才能进行下去的活动，都是在为别人做，不是你真正想要的。你以为是自己在坚持，其实你是在为别人坚持。因为你不能从自己所做的这件事情中找到意义，所以你才需要用坚持来鞭策自己。如果你能从自己所做的事情中找到意义，就不需要用到坚持这个词，更不需要调动意志力来坚持做这件事。抑或是这件事情的意义不够大，不足以让你心甘情愿地去为之努力。

　　要求孩子去坚持也同样如此。往往因为我们也不是很清晰地理解自己让孩子去坚持的意义在哪里，所以才会强调坚持。如果我们自己清楚地知道做这件事的意义，只需要让孩子去了解，去看到做这件事的意义就足够了。

　　不坚持的对立面并不是放弃，而是无意义或是看不到意义。

　　主动的坚持等于"有意义"，但有意义的事又不需要坚持。这便是又一个存在于我们生活中的悖论。

　　盲目地强调坚持，不去思考自己在做什么，为什么要这么做，不这么做又会怎么样……这样的坚持只是一种自我感动。是用行动上的积极掩盖思维上的懒惰。我们以为越是能坚持，会坚持的人，越是有毅力的人，一定是对生活积极热情的人。其实生活的真相往往与我们以为的相反。事实的真相往往与我们眼睛看到的相反。

　　真正热爱生活的人，从不必用鞭子来鞭策自己前进。拿鞭子鞭策自己前进的人，做什么都强调要坚持的人，看上去很积极很上进。其实他们并不真正热爱生活，他们只是被自己头脑中的某些信念驱使着向前追逐。这些信念让他们无法松懈下来，松懈下来就会被内在的那个驱逐自己前进的声音所指责："不会坚持的人一事无成""不会坚持没有毅力的人只能做个废物""人应该要积极进取""人不能够做事情半途而废""人做事要有毅力"等等。

　　背弃了自己感觉的人，永远无法真正热爱生活，无法从真正的生活中感受到快乐与幸福。我们在向自己强调坚持的时候，要知道自己为什么这么做。当我们在向孩子强调"坚持"的时候，我们要知道自己正在对孩子做什么。在自己（孩子）不能"坚持"或者是要求自己"坚持"的时候，应该要想想是为什么，而不是搬出"坚持……"的说辞来激励自己（孩子）。对于父母而言，帮助孩子更好地成长，帮助他们认识自己，找到他们的天赋与热爱所在比盲目地要求或激励他们学会"坚持"重要得多。相比于一味地强调坚持，一个能认识自我，会选择，懂放弃的人才是更有智慧的人。

孩子与家务

"枉教一室尘如积，天下何曾扫的来"，诗人杨万里的这两句诗说明了一屋不扫，何以扫天下的道理。看起来连古人都很注重家务劳动能力的培养。

到了现代，很多专家、教育学者、教育类指导书籍也都提倡家长要让孩子尽早参与到家务劳动里来，尽早地培养出孩子的家务劳动能力。

对于家务劳动能力的培养好处有很多，比如说：可以锻炼孩子的生活能力和动手能力，磨炼吃苦耐劳的意志力，让孩子充满感恩之心，学会体谅理解父母，培养孩子的责任感，独立生活的能力等，所以很多家长非常注意孩子的家务劳动能力，会有意识地尽早去培养孩子的这种能力。

学校在孩子参与家务这件事情上也是高度关注的，孩子在低年级的时候老师每周都会要求学生进行家务劳动并拍摄视频打卡交作业。暂且不去讨论学做家务与培养孩子各种的劳动能力之间是否联系得上。首先我们要知道：能力成长很重要，但比能力成长更重要的是获得能力的方式。

任何一件事情当它变成一个必须要完成的任务时，它的性质就发生了变化。

即使让孩子做家务真的可以获得很多好处，能培养和提升各种能力。但我们所使用的推动孩子参与家务的方式不仅不利于发展孩子对家务的兴趣和热情，反而可能还会有相反的作用。比如：学校老师的每周家务打卡要求。

如尹建莉老师所说，世界上没有必须要干的事。再有意义的事只要被强迫着做，马上就会变成坏事。从事实来说，"让孩子学做家务"本身并不是坏事，家务是家庭中的事务，是和孩子的生活密切相关的。但是，孩子是在什么样的情绪状态下去做家务的，他的内在感受如何，要想孩子的行为获得我们期待的意义，需要先关注他们的内在感受。感受比行为本身更重要。

要想孩子在家务事件上有健康积极的态度，父母首先不要把自己对于做家务的沉重感传递给孩子，不要把自己关于做家务太多的被迫感传递给孩子。

有些父母在家务这件事情上给孩子传递了太多的沉重感和被迫感："看看妈妈每天忙活家庭事务有多辛苦，多不容易。这一切都是为了这个家呀，这一切都是为了你们呀。"这种沉重感和被迫感一旦被孩子吸收内化到他们的潜意识中，会让孩子觉得做家务是一项痛苦的任务，会感觉做家务很累很辛苦更没有乐趣可言。其实这并不是事实。比如当我们情绪愉悦的时候即使花三小时做一顿饭，花四小时收拾房间所体验到的也是欢喜和成就感。

所以真正让父母辛苦的也并非是家务活，而是生活带给他们的沉重感与无意义感。

在生活中找不到意义的父母，就会把自己无法消化的沉重感通过家务传递给自己的孩子。将来孩子长大多数也会逃避家务，也无法从家庭事务中找到意义和乐趣。因为在他们的记忆中家务就是一件让人感到痛苦的事情，是被迫的。

有些家长让孩子做家务来换取零花钱。他们的本意是要让孩子知道金钱来之不易，需要付出自己的劳动，这样也确实会让孩子明白劳动可以换来金钱。但同时你也会发现，今后在没有金钱的刺激下，这些孩子也许连垃圾都不愿意去倒，更不会主动去拿起一个扫把，会将做的每一件事情变成跟父母讨价还价的筹码。于是做家务成了金钱的交换，而不是出自于爱和责任，不是出于对美好家庭生活的向往和建设。所以不要将物质交换作为孩子做家务的动力。

在这个观点上借用尹老师的一段话："如果孩子做点儿家务就付钱，这是把亲情关系降低到商业关系，把亲人间的互助处理成利益交换。早早地把市场法则引入家庭生活，是在培养孩子唯利是图的心理，也会导致孩子对家务劳动产生负面认识，从而会在长大后对家务劳动产生排斥心理。"

更需要注意的是，对于家务劳动，父母尤其不要在行动上包办，意识上否定。一般只要孩子没有被家务劳动强迫过，大部分孩子都是有兴趣参与家务劳动的。只是有些父母追求完美，嫌弃孩子做得不够好或担心孩子帮倒忙。比如当孩子好奇，想要参与时无意中剥夺了孩子尝试的机会："这个你不会，我来。"或者是孩子在做，却做得不够完美的时候，以不耐烦的语气说："算了算了，还是我来吧，这个你做不了，尽是帮倒忙……"但同时，这些父母又会在自己忙到腰酸背痛，孩子却在一旁心安理得玩乐的时候责备他们："看到妈妈这样辛苦都不知道搭把手，真是养了个白眼儿狼"。

这就是行为上的包办："你别动，我来"。意识上的否定："你真差劲，什么都不会"。

可以肯定，父母长此以往用这样的态度绝对能够毁灭孩子在家务上的能力和兴趣。因为在父母的标准下他们的任何行动总是不够完美。作为父母要求不要太高，总挑毛病或是在旁边指手画脚。只要孩子在行动上愿意参与，就该给予信任和积极的鼓励。孩子可能刚开始做得不是很完美，做得会不尽如人意，但是什么事情都有一个循序渐进的过程，对孩子来说做家务也是这样。

不要以"为你好"的名义要求孩子做家务。作为现代家长，当我们从各种理论中了解到做家务能够培养孩子多方面能力时，容易以教育孩子，培养孩子的生活能力、动手能力、意志力、责任心、独立生活能力等为目标，要求孩子进行家务劳动。甚至还有父母会冠冕堂皇地教育自己的女儿："不会收拾家，以后嫁了人都会被婆家瞧不起……"

不考虑孩子的感受与长远影响，把做家务当作必备能力来培养，父母也许会获得表面上的成功。从行为表现上看，孩子或许在父母的要求下家务能力有了提升。比如，他会每天整理好房间、会做饭、会收拾……毕竟学会做家务并不是一件很难的事情。

难的是什么？难的是孩子是否真的能够从做家务这件事情上体会到满足感，成就感。如果孩子在做家务的过程中无法获得这些感受，那么做家务对他来说就是一项由父母安排的不得不完成的任务。当做家务这件事情,让孩子有了一种"被强迫、不得不"的心理体验之后,孩子的内心一定会对做家务这件事情充满了委屈感。

有一句话说:"外在培养的成功,有时候伴随着的是内在培养的彻底失败。"你去观察就会发现,生活中那些抗拒做家务的成年人几乎都曾是被家务强迫过的孩子。所以,别以"为孩子好"的名义,用家务来奴役孩子。

说说我自己,在我们家我作为全职妈妈,家务基本上是我全包。在家务事上我的态度是孩子想做就做,不想做就不做。在学期内孩子的时间多数都用在学习上,我并不希望家务劳动占用孩子自由玩耍的时间。虽然我不要求孩子做家务。当我在家事上需要他帮忙的时候,他会积极地参与进来,我不在家的时候他能够力所能及地完成家务事。对于我来说,孩子在家务事上的这种参与程度和态度已经足够了。

对于成长中的孩子来说,他们的主要任务并不是技能上的学习,而是要保持他们对生活的热情与探索的兴趣,家务对于有的孩子来说是喜欢的,能获得乐趣的,但是有些孩子的确不太喜欢家务劳动。其实,孩子喜欢做就做,不喜欢做也无须勉强。只要孩子内心不厌恶做家务这件事,以后做起家务来是很容易的。不必去担心"现在不学会做家务,以后独立生活了可怎么办。"任何事只要意愿在,能力提升都不难。父母也不要把家务这么简单的一件事情上升到孩子将来能不能成人成材的高度。更不要用"一屋不扫,何以扫天下"这样冠冕堂皇的大道理来把做家务和孩子的能力联系起来。生活不是政治。

别把让孩子做家务的这一行为拔得太高,给它赋予太多的意义,让做家务这件简单的事情回归到它应有的自然位置。

直面冲突

苏轼有一首著名的诗句，"人皆养子望聪明，我被聪明误一生，惟愿孩儿愚且鲁，无灾无难到公卿。"

这首诗包含着大智若愚的养育观念，包含着拳拳的爱子深情。并且绝不以自己的期望为出发点，一切从孩子的角度考虑，不会为了自己而强求什么。唯愿自己的孩子幸福平安快乐。虽然我们不会有苏东坡那样的聪明，不会有他那样因为天纵奇才而坎坷波折的一生，但是作为用心良苦的父母，我们同样希望的都是将来自己的孩子幸福平安快乐，也许这样的父母才会拥有和孩子最好的，最和谐融洽的亲子关系。

每位父母都渴望与孩子拥有真正亲密融洽，健康良好的关系。

"关系先于教育，没有好的亲子关系就没有教育。""好的亲子关系，是孩子未来幸福的底色"。这些话或多或少的我们都听过看过，相信现代已经没有父母会否认亲子关系重要性。

但，什么是好的亲子关系？

有人说："最好的亲子关系，应该是互相尊重、彼此独立的。"这些说法没错，但太过于抽象，什么叫互相尊重，什么又叫彼此独立？概念展开来说都是大话题……也有人说："孩子遇到困难或问题时第一时间告诉父母。孩子愿意和父母分享自己的秘密，就是真正好的亲子关系。"这些行为上的表达有时可以作为关系健康亲密的参考，但有的时候它的内涵却是不同的，孩子遇到问题向父母求助，这可能是对父母的信任也有可能是孩子向父母的讨好，也许孩子了解：父母很享受替孩子解决问题的成就感，所以当他在遇到问题时会主动找父母帮忙，来让父母获得满足感，甚至还会压制自己的部分功能来凸显自己对父母的需要。比如分享秘密，这可能是亲密的象征也有可能是孩子在向父母表达忠诚："我对父母毫无保留地坦诚，我永远是你的孩子，不会离开你"但事实上,孩子要想长大其实是需要从拥有自己的秘密开始的。所以,说到底,这些并不能够代表真正健康亲密的亲子关系。

那么,究竟什么才算是真正健康亲密,真正融洽的亲子关系呢?

在识别两性关系本质时有句话这么说:"不要看他对你最好的时候有多好,而是要看他对你最糟糕的时候有多糟糕。"检验亲子关系是不是真的好,指标也同样:不是看父母与孩子在欢闹嬉笑的时候有多甜蜜,而是要看他们在怒目相对的时候会如何应对,如何收场。

所以,判断亲子关系是否真正亲密健康,要看他们之间如何处理冲突。如何应对困难。如果有人说"我和孩子关系真的特别好,我们之间真的没有任何冲突……"听起来真让人感到羡慕。不过,先别急着羡慕。可以肯定地说:这一定不是真实健康的亲子关系。因为真实的亲密关系中,不会没有冲突。

冲突是任何亲密关系的重要组成部分,包括:婚姻关系、亲子关系、父母关系等,没有冲突就不会有真正的亲密关系。

亲密关系中有冲突并不可怕,也不是坏事。它是在向我们确认彼此的差异,是在教我们认清:每个人都是独立于对方的个体。没有相同的两个人,差异永远存在。冲突是无法彻底消除的。真正的问题也并不在于如何消除冲突,而在于如何应对。我们应对冲突的方式决定了关系的后续走向。完全没有冲突的亲子关系,必然是双方或者是某一方压抑了自己的真实情感而表现出的顺从。要么是父母担心孩子承受不起自己的负面情绪攻击,把自己对孩子的恨意压抑了下来。或者是父母太过于无力,把主导位置让给孩子,变成了一切听孩子的,所以亲子关系没有明显冲突。要么是孩子太过于惧怕父母,惧怕父母的权威压制,惧怕父母受伤害……这些都会让孩子不敢表现出对父母的任何不满。而这种不满不会消失,只是被暂时地强压了下来。弗洛伊德说过一句很经典的话:"未被表达的负面情绪永远不会消失,它们只是被活埋了,有朝一日还会以更丑陋的方式爆发出来。"

在健康正常的亲密关系中，冲突是一定存在的。

冲突的表达分两个部分：一是孩子是否敢于向父母表达负面情绪。二是父母向孩子表达负面情绪。父母向孩子表达负面情绪，尤其是愤怒太容易了。孩子作为家庭中最小最弱的成员很多时候都是父母负面情绪的承载体，尽管有的父母并没有认识到这一点，或者认识到了也并不愿承认。

有些父母以教育的名义指责批评甚至打骂孩子，但不允许孩子以同样的态度对待父母，否则就是不孝，甚至会被打上道德恶劣的标签。很多父母都不能允许孩子对自己有丝毫的不尊重，更别说愤怒冒犯。

所以，孩子是否敢于向父母表达愤怒，用这一点来考量亲子关系的真实与坚固程度非常关键。当孩子能够在你面前表达各种情绪，尤其是对你的愤怒。这可能预示着关系真正的健康。因为这预示着真正的交流，虽然方式是激烈的。而不应反面地想："我很糟糕/做得太差劲了，孩子竟然会这么对我。""孩子太胆大妄为了，竟然敢这么不尊重我。"孩子只有对父母有足够的信任，才会在其面前表现出各种情绪，尤其是负面的愤怒，悲伤，恐惧……他敢表达是因为他不惧怕伤害你。他不怕伤害你，并不是因为不爱你，而是因为他相信父母是有力量的，能够承接得起自己的愤怒和不满。他不担心被报复。多数孩子并不敢向父母表达愤怒。因为害怕被父母报复，惩罚即报复。或者害怕自己的情绪会把脆弱的父母击垮：辛辛苦苦养大的孩子竟然会反抗我，我活着还有什么意思？

让我们想一想：当你骂孩子，孩子顶嘴的时候你会做出什么样的反应？当你对孩子动手，孩子若还手你会做出什么样的回应？你能够允许吗？能够接受吗？当孩子这样对你时，你的愤怒会不会升级？从而采取更大的更强的惩罚？如果是这样，那么孩子就不会有勇气向你表达愤怒和恨意。只有当父母有着强大的包容性，能够接得住孩子扔过来的黑色生命力（负面情绪），既不会被这股黑色生命力伤害，也不会报复性地用这黑色生命力反噬孩子。

只有孩子相信了这一点时，他们才能畅通无阻地向父母表达自己全部的情绪感受。以最真实的自己展现在父母面前，从而发展出真实的亲子关系。

孩子对父母的愤怒和恨意，一定是有的。区别只在于多或少，表达和未

直面冲突

表达出来。因为我们都不是完美父母，都有让孩子不满意的地方。

人无完人，哪个人会没有一点儿缺点和眼光的局限性呢？

在亲子关系的冲突中允许孩子对父母充分表达愤怒，他才能学会如何去爱父母。不允许愤怒和恨，同时也就抑制了真正的爱与亲密。

冲突不可怕，重要是表达冲突的方式和冲突后彼此是否有真诚的反思和道歉。

没有不冲动的孩子，也没有不犯错的父母。

当情绪的暴风雨退却，一切回归于表面的风平浪静时，父母能否向孩子表达歉意？孩子又是否愿意承认自己的不当？一般来说，孩子愿意真诚道歉的前提是父母在孩子面前做出过良好的道歉示范。而只有内心有着基本安全感和稳固自我价值感的人才会能伸能缩，能刚能柔。在冲突之后，和孩子探讨先前所发生的冲突，通过交流让自己和孩子都能学着去用更好的方式表达自己的意愿，同时学着接受和包容他人的意愿，并反省自己找到更恰当的表达自己情绪的方式。

这是决定亲子关系走向疏远还是亲密的最关键的一步，也是父母和孩子彼此的成长。

有些家庭"只要冲突的风浪平息，就结束了安好了。"说到底其实还是不能真正面对冲突，不愿去深究它背后的东西。如果是这样的话，问题就只会被掩盖，父母和孩子两个人的真实自我也会被掩饰。没有真实自我的碰撞，又何来的真实关系，更谈不上真正的亲密。

所以，什么是真正好的亲子关系？一是孩子敢于向父母表达愤怒。二是冲突过后彼此能坦诚交流。

要重视冲突不要回避它，更不要把无冲突视作为完美关系的象征。与孩子发生冲突是不可避免的，尽管它会让我们觉得痛苦，会让我们想要回避它。利用好它，将会是父母和孩子发展真正健康的亲密关系最宝贵的资源。通过冲突的碰撞让亲子之间以真实面貌来相对，从而真正地了解彼此。

与其教育，不如去爱

孩子与拖延

养育孩子，对任何成年人来说都不是一件轻松容易的事。尤其是在提倡"精养孩子"的现代社会：你要了解孩子的心理情况，你要了解孩子的身体情况，你更要培养孩子养成良好的做事行为准则。方方面面哪一件没有做到，也许都会激活你的焦虑。

对于很多父母来说孩子做事情拖拉，能在一分钟之内做完的事情非要拖到三分钟，做任何事情效率都不高，是最为苦恼的问题之一。

比如：写作业时不专心，东看看西玩玩，一个小时可以做完的作业两三个小时才能完成；从早上起床穿衣洗漱到出门上学，都需要父母在后面拿着一根"快快快"的鞭子赶着，他们才能往前挪步，勉强完成自己的事情。经常是父母在后面气急败坏地呵斥，孩子仍然慢慢吞吞，显得一点儿都不着急。尤其是早上时间紧急的时候，看着孩子从起床吃早餐到上学一直都拖拖拉拉的样子，父母很容易忍不住就扯开嗓门吼起来，吼得孩子手足无措，眼泪汪汪。吼得父母火冒三丈，气喘吁吁。但是这样能解决问题吗？父母无奈地说："说也说了，骂也骂了，甚至打也打了。孩子还是老样子，拖拉的毛病总改不了，不知道该怎么办。"有的父母会认为：孩子之所以做事拖延，是因为他懒惰，自控能力差，不自觉……而如果这样武断地去理解孩子的时候，其实不仅拖延的问题没有得到丝毫改善，孩子身上的负面标签也会被越贴越多，现实情形毫无改善。

所以建议当我们看到孩子的一个行为现象的时候，先不要急着去给他贴上问题标签。习惯性地对孩子的行为采用某种标签，也就是父母在无意识中按照这样的标签来塑造自己的孩子，孩子受到负面的暗示，或许会一步步实现你的标签预言。而且，标签一旦被贴上，就很难找到突破口打破它，揭下它。

给孩子贴上拖延的标签，也许只会获得让他的拖延越来越严重的结果。并不利于问题的解决。

我们先要去理解，人类没有任何行为是没有缘由的，我们的任何行为都是有各种各样意义的。拖延这个行为也不例外，也是有它存在的缘由和意义的。如果想要理解孩子磨蹭的行为，需要先去理解它。

首先我们要去看：拖延背后有什么？为什么会拖延？对孩子来说拖延意味着什么？

第一，心理学有种解释："拖延是一种被动攻击。"仔细去观察具体的生活情境就会发现，那些抱怨孩子磨蹭拖延的家长，常常都是自己本身就比较急躁，在孩子面前比较强势的。他们有很高的生活原则和标准，需要让孩子完全按照自己认定的节奏来。比如：放学一定要先写作业；吃饭不能挑食；约定好9:30上床睡觉就一定不能等到9:40……甚至他们也不太允许孩子有自己的想法和做法。

这个时候孩子想反抗父母却又无力反抗，就只能通过消极的方式来被动抗拒。从心理学解释来说，拖延的其中一种意义就是表达了对控制的不满。任何人一旦感觉到被控制被强迫的时候，本能地都会有反抗的反应。如果反抗是被允许的，孩子可能会通过一些方式来表达不满，比如说向父母表达自己的意愿、想法。如果反抗不被允许，父母不接受孩子意愿想法的表达。孩子就只能通过磨蹭的方式来表达自己的抗拒：嘴上答应，行动上就是不动。时间久了，磨蹭就成了拖延。

第二，有时候孩子的拖延，是父母认为的拖延。并不是真正的拖延，或者是如果站在旁观者的角度去看，就会发现这并不能算是一种拖延。而是对于父母的安排没有马上去执行，采取了延后的方式，而这种行为是不被父母所理解和认可的，所以就被扣上了拖延的标签。

比如孩子在写作业的时候咬笔头。有的父母看到了就认为孩子在拖延，而事实上可能孩子遇到了学习上的难题，是在思考，所以，有可能在某些事情上，孩子是在思考该怎么做，表面上看他是没有开始行动，但事实上他的内在已经在为做这件事情做准备。作为父母我们更需要理解并尊重孩子的学习，生活节奏，而不是催促他们按我们的标准来生活。

所以，不是孩子拖延，而是父母太着急了。

三是维持孩子拖延行为的可能是：父母替孩子承担了拖延的结果。很多时候孩子的拖延，并不只是孩子的问题，而是孩子和父母双方相互配合产生的结果。一般来说：一个拖延的人，旁边都会跟着一个会替他着急的人，两个人配合得天衣无缝。比如说孩子写作业慢，其实这本身并不是问题。因为作业是孩子的作业，写得快或慢也是孩子的事。只是因为家长受不了孩子的慢，所以把催促孩子完成作业的任务揽到了自己身上。孩子更可以理直气壮地拖延；因为在孩子看来，作业并不是他一个人的事。阿德勒有句话"一个拖延的儿童背后总有一个事无巨细为其善后的人"。父母如果希望孩子能把自己的事情当成自己的事情来积极对待，父母就需要把孩子事情还给他们自己。只有父母不替他着急，他才可能会自己急。父母如果能够改变态度，认识到事情的严重性，让孩子自己承受写作业快或慢的后果，让写作业快或慢变成孩子自己可以选择的自主行为。这样孩子会承担起自己的责任，认识到事情的轻重程度，调整自己的时间节奏。

让孩子自己去做决定，他才会有意愿为自己的决定承担责任和后果。孩子才会从心底对某一件事产生急迫感，而不是本着可有可无的心态去面对，这样孩子的拖延自然就会改变。

每一个孩子都是独立的个体，都会有差异性。就像树林中有千千万万棵树，树上有千千万万片叶子，却没有一片叶子的所有脉络是完全相同的。每个孩子养成拖延习惯的原因也不一定相同，也不能一概而论。而是要家长细心耐心地去观察、去发现、去理解。

作为家长，任何时候，看到孩子的种种并不符合自己心意的行为，不要急着先去贴标签，不论是正面的还是负面的标签，而是要去感受一下这个行为本身对于孩子的意义是什么？孩子想要表达的是什么？充分地去了解孩子，理解孩子，养育这件事才会越来越轻松。

如尹建莉老师在《最美的教育最简单》中说的：真正的教育并不复杂，只要父母愿意用心去理解孩子。而那些复杂的令家长孩子都痛苦的教育理念或做法往往都是"反教育"的。

来到青春期

如果把孩子比作一棵树，那么你认为孩子会有几个时期呢？孩子的幼儿园时期算是幼苗期吧。懵懂天真，活泼可爱，也是孩子最讨人喜欢的时候。我觉得也会是和父母亲子关系最融洽和谐的时候。因为这个时期的孩子特别容易满足，也特别好让人理解。但是人生的道路会有波折和崎岖，万事万物都会发展变化，对于很多父母来说养育孩子最大的挑战也许就是青春期的到来。在他们看来，这一时期让活泼可爱的乖孩子变成了叛逆执拗的青少年，

父母和青春期的孩子交流出现障碍，是很多家庭的常态。在家庭中长期以来父母和孩子关注的内容，感兴趣的事情，讨论的话题往往都不一样。久而久之，随着孩子慢慢长大，尤其是到了青春期以后，经常会出现亲子之间面面相对却已无话可说的情形，相顾无言，互不理解。

所以，"如何与青春期的孩子展开情感链接"也是很多父母所非常关注的问题。

说起和孩子交流、建立感情，很多父母便会想到：该如何和孩子聊天？要不要找个机会带孩子出去玩，等等，用这些方式方法来与孩子增强情感关系。虽然说起来这些都是可行的方式，但建立亲子关系的关键，却并不是在这些地方。要想增加情感上的链接，很多功夫都需要下在眼睛看不到的地方。

与孩子聊天、谈话，物质上多满足他们自然是促进感情的重要方式，但，细节决定成败，万事万物的处理和发展都是复杂的，都是不能一概而论的。

每一个具体的行为是如何表达出来的？这些很重要，也很关键。

大部分家有青春期孩子的父母都感受过：要想与青春期的孩子进行一场有意义的谈话，往往很难开展。为什么？究其主要原因，还是要回到幼年时

我们与孩子沟通模式的基础建设上去。青春期孩子的行为表现，都是童年期养育结果的呈现。

想一想，当你的孩子在童年时期，每当他们过来想和自己说点儿什么的时候，我们是如何回应的？这个回应模式，就是我们与孩子之间沟通的基础模型。这种时候，你是顺着孩子的话题倾听下去，跟上孩子的思路，还是借机来堂教育课，展示一把自己的智慧："来，我来好好跟你说说这个问题……"可以说，多数父母都是后者。也正因如此，众多父母与孩子之间的隔阂随着孩子年龄的增长也越来越深。

因为倾听孩子说话，从来都不是一件容易的事，并不是奉献出一双耳朵就能完成的。想想就知道：如果倾听孩子说话真有那么简单，就不会有那么多与孩子沟通上的难题了。

倾听孩子的心声为什么难？因为相对于孩子来说，我们身为父母绝对有着比他们丰富的生活阅历和人生智慧。在这样弱小的孩子面前我们要收敛起自己说教的欲望，而是做一个跟随者和倾听者，这从人性上来说其实是不小的挑战。并且当孩子青春期的时候，一般是父母生活压力最重的时候，上有老下有小，中间有领导。哪一个都很重要，哪一个都不能忽视。这会让父母有时候情绪暴躁，像到了更年期一样。所以有时我们会戏称这是青春期与更年期的碰撞。

然后到了孩子的青春期，眼见着孩子与自己越走越远，关心孩子的父母免不了开始焦急，想要做点什么，拉近自己与孩子的关系。想与孩子聊聊天，而孩子呢？却闷声不吭，真是又急人又让人恼火。

怎么办呢？同样的情形，不同的面对方式，造就不同的结果。所谓，同因却不同果。

遇到孩子不开口的时候，有些父母会把孩子喊过来说："来，和爸（妈）说说你有什么想法？"或是不耐烦地催问："你怎么一直不吭声？"可以确定，如果以这样的态度来与孩子沟通，孩子更会什么也不想说。到最后交流的结果就是：孩子低垂着头，父（母）开展了一场自说自话，过足教育人的瘾，其实从头到尾都是父母自己在唱独角戏，完全谈不上是一场对话。

如果和孩子在一起的时候，父母总是用一些正确不过的道理来说教孩子，那孩子感受到的不只是厌烦，更重要的是他们眼中的父母变成了"正确的化身"，而不是真实的父母。他们又如何能够打开与"你"交流的那扇门呢？亲子之间，只能是越走越远。

此外，有些时候对于青春期的孩子来说他们的沉默不语，除了与父母没有交流意愿的这种可能以外，我们还要理解：青春期的孩子，他们有很多心思和感受是无法用语言表达出来的。他们的内心充满着连自己都无法理解的混乱、烦躁、紧张和迷茫……又如何能够把自己的感受表达得清楚明白呢？

这个时候，如果父母非得让他们说些什么，其实是在给他们增添额外的痛苦，所得到的结果，也就是事与愿违。

所以我们要懂得：交流，不要只局限于语言的交流。

交流可以有多种形式，有语言的和非语言的。包括沉默，也是一种交流方式。当孩子在沉默的时候，我们能做的，最值得做的，就是和他们一起去感受沉默，体会沉默。看看沉默当到底蕴含着什么。大部分人其实都是不能够忍受沉默的。面对沉默而无所作为，会让一个人有着被无能感包围的焦虑，总想要去说些什么做点儿什么来化解自己的无能感。

父母逃避焦虑的本能往往会以"帮助孩子""要为孩子做些什么"的形式出现。所以要想构建好的亲子关系，一定要看到孩子需要的是什么，而不是只考虑自己想给孩子什么。说到底，只要父母能以坦诚的态度来向孩子表达自己想要与他们构建亲密关系的意愿，父母能够用行动向孩子做出这样的真情告白，孩子一定会是高兴的。虽然他们的表情不一定会表现出来。如果父母能有一种真心倾听孩子说话的姿态，孩子也是会很感动的。这样的态度，其实就已经是有效的链接了。

这也是态度在关系互动中的重要作用。

在与青春期孩子的交流中，父母把交流的主导权交给孩子，自己跟着孩子的思路走，是第一步，也是最重要的一步。看上去父母并没有为孩子做什么，其实却是做得最好的地方。所以，跟孩子聊天所谈的内容，能够说得出多少深刻的道理并不重要。重要的只是你们的谈话在什么样的情形下发生的，你用什么样的态度表达的，你的表达是不是让孩子感到亲切，是不是对孩子充满理解，关心和支持的，这些，才是最重要的。

青春期的孩子其实并没有看起来的那么强硬，他们只是习惯于用无所谓的态度去掩饰自己的脆弱与柔软。而他们的父母，往往只是看见了他们伪装出来的那副坚硬的外壳。作为父母永远都不要忘了，不管他们在行为上表现出多么极端的冲突情绪，孩子内在最想要的永远都是："被父母所爱、所关注，所接纳。"

其实，很多父母往往一辈子都未曾了解过自己的孩子，为什么他们从未去了解过，是因为他们根本不在意孩子是什么样的。他们真正在意的只是：自己希望孩子是什么样的，如何能够让孩子成长为自己希望的样子。

于是很多人都会把青春期孩子与父母之间频繁爆发冲突的情形看作是正常现象，并冠名为"青春叛逆期"。我并不认同这样的说法，在我的认识中也没有"叛逆"这个词，也不会用"叛逆"来描述青春期的孩子。只有站在成人的角度和主流的社会价值评判体系下，才认为青春期孩子某些情绪上的激烈反应是"叛逆"。但站在青春期孩子自我发展的角度上，叛逆只是为了应对控制而出现的，没有"控制"就不需要有"叛逆"。所谓的"叛逆"只是为了守住自己的立场，维护自己的自主意识罢了。

童年时期被过度控制的孩子往往会在青春期出现混乱且猛烈的"叛逆"。毕竟，欠下的"债"迟早是要还的。如果我们希望能够和孩子构建出良好的亲子关系，最好不要把青春期孩子某些激烈的情绪状态合理化为"青春叛逆期"。而是要去诚实地面对问题，思考在过往的亲子关系中自己身为父母做得不足的地方，去真正地理解孩子，和孩子一起度过这个特殊而又困难的青春期。

作为父母千万不要把自己置于孩子的对立面。

有些父母在孩子小的时候过度行使权威，过多控制、打压孩子，到了孩子的青春期，感受到了孩子所爆发出的情绪力量后就开始变得小心翼翼，生怕自己哪句话不对又冲撞到了孩子……其实大可不必这么战战兢兢的。过去的时光已经过去了，把握好现在才是最重要的。

能够勇于反省自己，承认自己过去的失误，并能积极学习成长，这样的父母，对孩子来说，就已经是足够好的父母。父母此时的态度必然会给亲子关系带来新的变化。

沟通是什么

沟通是什么？有人说沟通是人与人之间的交流。其实并不只有我们人类才能沟通。蜜蜂跳起了八字舞，在山花间追逐嬉闹。那是它们在沟通。小草在随风摇曳，颤抖着他们嫩绿的叶子，那是它们在沟通。小鸟在枝头鸣叫，时而婉转，时而悠长。美妙的声音比世间所有的音乐都好听，那是它们在沟通。不过只有我们人类把沟通赋予了各种各样的意义。

还有人说："沟通是一门艺术。"

也有很多人认为在工作和生活中，处理不好关系，教育不好孩子，搞定不了客户，这种种生活中的烦恼与挫折，这满地的鸡毛，这生活中的不如意，都是因为自己沟通能力不行，需要提高沟通的艺术技巧。而只要提高了沟通的技巧，那生活中的一切困难都可以迎刃而解，所有的烦恼都会烟消云散，事实真的是这样吗？

其实很多时候沟通并不是技巧的问题。也许是我们对"沟通"这个概念本身就有着不恰当的理解。

沟通是什么？沟通在百科中的定义是"人们分享信息、思想和情感的任何过程"。

我们时刻都从外界接收着信息，也同样时刻在向他人传递着信息。可以说，我们时刻都在与外界沟通。即使不使用语言，也不代表没有沟通。因为沟通的形式包括语言和非语言，就连沉默本身也是一种沟通。

简单理解就是："沟通便是信息的表达与接收。""沟通"的本质是为了交换信息，促进彼此需求的了解，并在这基础上寻求的合作。而不是单纯为达到某个目的而做沟通。至于目的是否能达成，则在于彼此需求是否能够获得满足。所以，沟通并不是带着我们的目的去技巧性地操纵对方。而是我表达我的需求与感受，同时也去看到对方的需求与感受，在感受连接的情况下，努力争取达成合作，满足彼此的需求。

很多父母都难以理解这一点，为什么孩子不想跟我沟通？怎么样才能让孩子愿意和我沟通？其实，孩子之所以不愿意和你交流，是因为他感受到你并不是真正想和他沟通。你不是真正对他们的感受想法有兴趣，你并不是真想去了解他的内心想法，你想聊的其实只是你自己。有时候，我们说再多的话都不是在沟通，而只是我们自己想获得对方的肯定，认可和理解。

比如，当孩子向父母诉说学习或生活上的烦心事时，父母往往便开始长篇大论地对孩子说教，看到孩子低下头沉默不语时可能还会对自己的教育能力沾沾自喜。觉得自己会沟通，有智慧，帮到了孩子……大多数人都已习惯于用理智去分析，用逻辑来说服，以达成自己的目的。表面上看是在和对方沟通，但事实上都只是在试图让对方明白你的观点，或者让他们按自己认为正确的方式方法来行动，眼里心里都没有对方，哪有什么沟通呢？尤其是现在很多父母学会了一些话术："宝贝，我知道你很难过……""亲爱的，我完全明白你的感受……"表面上听起来这些话甚是善解人意，让人心生温暖。但是不要以为话说得漂亮，听起来让人感到舒服就是有效的沟通。你的动机、你内心最真实的感受，你是否保持着接纳的、开放的、不评判的态度才是被对方感知到的沟通内容。

检验我们和孩子的交流是真正的沟通还是我们自以为是的沟通，这一切的信号就是看孩子的反应：他们是越来越愿意与你分享，还是越来越沉默寡言。如果孩子越来越愿意与你分享，分享生活中的喜怒哀乐，分享学习上的疑惑不解，那么便证明孩子信任我们。愿意与我们沟通，愿意与我们交流。这无疑是正面的，也是所有父母希望得到的效果。而我们如果是自以为是地完成了和孩子交流沟通的任务。用说教来代替沟通。用唠叨来代替交流。那么无疑这是失败的。家长要检视自己行动的本身是否正确。

沟通是什么

因为在有些人的理解中,沟通便是讲道理。

"80后"的我们都是听着家长的"道理"长大的。在我们自己做了父母之后,本能地会把我们自己所接收到的这些大道理传递给自己的孩子,这传递过程便被理解为"沟通",但沟通不是"说道理"。

在教育中,"道理"也并不是通过"讲"的方式传递给孩子的,而是我们通过自己的行为把道理"活"给孩子看的,因为所有的言传都不如身教。或许当你在抱怨孩子不愿意跟你沟通,你没机会了解孩子而感到无奈的时候,你应该诚实地面对自己的内心:你并非是真诚地想和孩子沟通,而是苦恼于找不到更高明的说服孩子的技巧。其实你内心深处的想法是"怎么才能让孩子听我的,按我说的来"。如果抱着这样一种目的和态度,去与孩子沟通怎么会有进步?怎么会和孩子形成良好的沟通互动关系呢?

沟通不是话术,不是你运用了沟通技巧,伤心的孩子就能开心起来,不爱学习的孩子就能开始努力学习,不理解你的人就能学会理解你,难以达成的合作顷刻就能达成一致,沟通不是魔法,并不能顷刻间解决生活中的所有烦恼与痛苦,并不是世界万事万物的良药,也许有些时候,沟通确实能够改变某些现实,但改变现实不应该作为沟通的目标,沟通自有它本身的真正意义。

沟通只是信息的交换,沟通真正的意义便是为了确认差异,而不是为了消除差异。沟通并不是说教。沟通也不是一方向另一方强求妥协的方法。

比如,孩子说:"数学老师真讨厌。"我们不要立刻否定孩子的感觉:"你怎么能这么说呢?"每个人对事物的感受并不一样,期待、观点、需要都不一样。也正因为这样,才需要有沟通,通过沟通让彼此看到不同,去发现那些"不一样",去了解对方的视角,这就是沟通的价值。不同人之间的差异性并不能通过沟通立刻达成统一。这没有谁对谁错,并没有孰优孰劣,有的只是不同，有的只是差异。所以真正的沟通其前提是：不去期待对方变成另外一个样子，不去要求对方按自己的要求来行事，只是单纯地去了解并看到对方的感受需要，并且诚实地表达出自己的感受需要。

当然可以有期待，但不要预设目标，对一切保持开放的态度，才会有真正的沟通。

当我们在沟通的时候，所期待的最好结果自然是能够达成共识与合作。我们更需要学会的，也许是去思考"当无法达成共识的时候如何能够共存"。这，才是沟通的本质所在。

明白了沟通的本质，我们才能够真正和孩子进行良好的沟通与交流，也才能用身教来让孩子知道如何与别人沟通。当孩子真正学会人与人之间的沟通交流，孩子也就会知道如何从别人的立场角度看问题。当这些孩子成人以后，面对成人世界中种种的差异性，才能站在更高的角度看待他人与生活，才能在面对生活中的挫折与磨砺时，不会觉得迷茫，不会无所适从，不会有太多的愤懑与不平。

安全感是什么？

我们经常能听到一句话是缺乏安全感。那什么是安全感呢？安全感是心底的依靠，是心灵的港湾，或者文艺点的说法是心有归处，可以不迷茫，可以不惧艰险，有面对一切的勇气。

人类与生俱来的需求之一便是向依恋对象寻求安全感。

一个人最初的安全感取决于他在幼年时期有没有从养育者身上得到足够多的情感回应，有没有得到足够多的温暖，有没有得到足够多被爱的感受。

这不仅仅是生理上的喂养与照顾，不仅包含着孩子日常生活中的吃喝拉撒，嬉笑玩闹，还包括对婴儿表情的探索动作，是否能够得到养育者的言语及肢体上的回应，是否能够得到养育者足够的重视与关注，这些都很重要，这些是一个出生到这世界的纯白婴儿所接纳到的世界中最初的直观印象。

父母对于孩子生理上的关照大都是足够的，特别是在社会生活水平日新月异的今天，物质上，生理上的满足，大多数孩子是不会匮乏的。但孩子的心理需求却不是那么被重视：小孩子懂什么，只要不饿着冻着就行了。

其实一个人心理上安全感的缺失，很多时候都是来自于幼年时期缺乏养育者情感上的支持、关注。有人说，"小时候缺的东西后天怎么补都补不回来"。这也说明了幼儿时期的安全感对于孩子一生的重要作用。对于安全感的形成来说，这句话更是真理。

安全感的基础来自于依恋关系。要理解依恋关系，首先需要了解依恋类型。儿童发展理论中的依恋关系是指孩子寻求并期望与另一个人保持亲密联系的情感倾向，是孩子与养育者之间深刻的情感链接。它创造出了孩子安全感、价值感、幸福感等所有的心理情感类型的总体基调。

依恋类型从大类上来说可以分为安全型和不安全型两类。

具有安全型依恋模式的孩子能够在安全范围内自由地探索外部世界，与养育者分离时他们会不安，会有恐惧，但当与他们的养育者重聚时，他们又能够从联结中得到安抚，会恢复到以前的幸福和快乐。也就是说，他们能够亲密，也能够分离，更能够重聚。也就是说，安全型依恋模式的孩子，更适应这个社会的发展。他们能够做到与父母生理上分开，在心理上却是有更深层次的紧密联系的，他们渴望重聚，也不惧分离，是最理想的亲子关系模式。

心理发展理论说过：良好的亲子关系是孩子探索世界的安全基地。

形成安全依恋关系模式的孩子在遇到让他感到害怕和不确定的事件时，便会第一时间回到父母那里寻求安全保护。父母是孩子的避风港，在这个安全基地给予的安全感能够帮助孩子去外面的世界勇敢的探索，是孩子在害怕的时候能够重回到让他感受到安全的避风港。因为有这个安全避风港的存在，所以让安全型依恋的孩子能走得更稳，探索得更远，能够更加自信，勇敢地面对外面世界的挑战。

安全型依恋关系成年后的表现形式：相信自己是好的，别人会喜欢自己的，自己也愿意信任和依赖他人；相信世界和人们都是善意的。因为有这些表现形式，所以有安全型依恋关系的孩子，成年后会更加自信而耀眼，会更加风度翩翩，讨人喜欢，会更容易获得这个世界善意的包容与爱护。

不安全型依恋模式中又分为两类：回避型和矛盾型。

回避型依恋的孩子则会表现出对依恋对象的漠不关心。不论依恋对象（养育者）在与不在，他们似乎都无动于衷，还会不停地探索外部世界，他们表面看似独立而平静，实则内心起伏不定。他们的独立是"假性独立"，是对依恋行为中所受到的拒绝和创伤的自我保护。

回避型依恋关系成年后的表现形式："我知道别人不喜欢我，但我不在乎。我不依赖别人也不希望别人依赖我"。

回避型依恋关系的孩子在成年后表面看起来很潇洒自如，所谓没有希望就没有失望，因为这些孩子对依恋关系并没有抱很大的希望，所以看起来也不会有失望，更不会有需求，但实际上并不是这样。这只是孩子因为屡次失望后所做出的自我保护。这只是一种假装坚强的外壳。他虚弱而又易碎，他用他的不在乎，来从反面表达出他的渴望。

而如果他的这种渴望并没有被养育者所发现，所关注并予以回应，这些孩子会在这条孤独的道路上越走越远。表面上看起来这些孩子对亲情的渴望越来越不在乎，会显得更加独立而又洒脱。但是他们的心灵之泉却是匮乏的，他们对所有事物都持有消极的态度，对什么事情都不会用尽全力地争取，而只是可有可无，也许会让这一类孩子的未来人生路充满了悲凉与无奈。

还有一种类型就是矛盾型依恋模式。

矛盾型依恋模式的孩子他们对于依恋对象（养育者）的行踪太过关注，以至于无法自由安心地探索和玩耍。当妈妈离开他们的身边后，他们会表现出强烈的痛苦悲伤，而当和妈妈重聚时，他们的表现是要么愤怒，要么无助，无法很好地重建连接，无法让亲子关系恢复到以前的和乐融洽。

矛盾型依恋成年后的表现形式是担心自己被抛弃而会索求得更多，但往往这么做时又更加让人远离。有矛盾型依恋关系的孩子在成年后是最痛苦的。他们拒绝分离，害怕被抛弃，因而像一根藤蔓一样紧紧地缠附在他人身上，使对方感觉到不适甚至窒息，心生惧意而想要逃离，而逃离的意图又会加剧他们的索取。形成一个恶性的循环，形成一个无解的局面。

可以这样说：婴幼儿时期是决定一个人安全感与依恋模式的关键时期，在这一时期是否得到及时的足够的情感回应是日后能否形成安全型依恋的决定性因素。

人的心理情感发展过程都是从建立安全的依恋（依赖）开始，再逐渐分化与整合，自我功能逐渐变得强大，进而能够从对他人的依赖中分离出去，重塑自我并逐渐走向独立。心理学概念把这个命名为"分离个体化"。

如果早期孩子对父母亲的依恋需求并没有得到及时、充分、恰当的回应，在成年后甚至终其一生，他们内心深处都会有一个巨大的"空洞"，需要更多的爱与确定感去填充，去补偿，也就难以谈得上"真正的独立"。

依恋关系影响的不单单是父母和孩子两代人之间的相处状态，更关系到一个孩子看待自己和这个世界的方式及视角，会对孩子长大成人后的人生产生长远和深刻的影响。

因为成年人的心理、情感、自我价值感都是基于依恋关系建构的。孩子通过被养育者恰当地照顾与满足，发展出他们对外界信任、对世界信任的基础。安全的依恋关系对于人的生存发展来说是至关重要的，是身体和心理顺利发展的基石。这就如同建设高楼时所打下的地基，地基的坚固与否决定了一个人是否能有坚实的自体去面对外界的风雨，能否有更稳定的情绪来承载动荡的生活。父母不要以为小婴儿什么都不懂，只要照顾好他们的吃喝拉撒睡，谁带都一样。无数前人的经验已经告诉我们，在生命早期的三年，孩子婴儿时期的缺失性情感体验，需要用长大后的三十年甚至是一辈子时光来修复。

愿所有的父母都能在孩子的婴儿时期与他们构建出安全良好的依恋与信任关系，这将是孩子一生幸福的开端。能让孩子在将来有足够的能量，有足够的底气，去迎接未来生活中的风雨。

拥抱的温度

什么是拥抱？也许有人会说，拥抱就是拥住以后抱在一起啊！这还难理解吗？其实拥抱不只是肢体上的触碰，更是一种心灵上的交流。它是一种借由肢体语言所表达的态度。它意味着信任，它意味着欣赏，它还意味着爱。它是一种有温度的情感表达。

通常意义上，肢体语言是指经由身体的各种动作表情来代替语言，表达感情和进行关系互动，是达到沟通交流的目的方式之一。以前我们说过，通过阅读文字我们所看到的往往只是父母与孩子说了一些什么内容，做了一些什么事……但你并不知道对方在对孩子说话的时候那个画面是什么样的：对方是一个什么样的姿势，什么样的表情和态度来与孩子说那些话的？当时的谈话场景是一个什么样的氛围？其实这些才是建立良好互动关系与决定沟通质量的关键性因素。因为肢体语言中包含着丰富的信息。

在肢体语言的表达与理解上，我认为自己有着特别的天分。我有一种直觉会让我没有来由地相信肢体语言的表达，对孩子来说更适用。

在和孩子互动的时候我不但使用语言和孩子进行沟通，还会习惯性地使用肢体动作来辅助我的口头语言。这对于我来说并不是刻意练习的结果，而只是无意识的选择，更像是一种本能。

和哥哥散步聊天的时候，我会自然地把手搭在孩子的肩上，偶尔抚拍下他的肩膀，谈到某些触动自己情感的话题时，我会轻搂他或是握住他的手……让有些无法用语言描述的感受通过肢体来传递给孩子。当锐情绪激烈的时候，我会抱起他，轻贴着他的脸，尽量地靠近着他倾听他哽咽哭诉……这样的肢体语言也传递出了对他情绪真实的接纳。会让孩子冷静下来，我也发现这个动作能非常有效地消除孩子（至少对于我的孩子来说）的不安，让孩子的情绪能更快地稳定下来，更利于接下来事情的解决。

面部神情也是肢体语言的一种。

如果当孩子伤心的时候，我们能用同样带着悲伤感情的姿态来陪伴他们，就会是最深刻的共情与接纳。并不需要生硬地说一些接纳性的话语，如："妈妈知道你的感受，妈妈理解你，妈妈知道你现在很难过……"你对孩子的态度是否真正地接纳，并不是通过口头语言表达出来的，而是通过你的肢体表情来表达。肢体语言无法撒谎，无法掩饰，因而更能反映出人的真实情感态度。我们经常会感觉到，同样的话不同的人说出来会有着完全不一样的结果，区别就在于每个人的肢体语言所体现的效果不同。在无数肢体语言中，最常见的，使用次数最多的，我想会是拥抱。

拥抱，看起来是一个非常简单的动作，很多人都会在生活中使用。其实拥抱有着非常丰富的情感意义和表达方式，不同的时机，不同拥抱的方式传递出来的意义也是完全不一样的。

拥抱也有它的温度。

拥抱也是我对锐使用最多的肢体表达方式。有句话说："孩子是在父母看不到的地方悄悄地成长的。"对于大部分孩子来说是这样的，但对锐来说不是，说他是"在妈妈的拥抱中长大的孩子"半点不假。对于锐这类语言听觉反应很弱的孩子，从他很小的时候开始，我经常会做的一个动作就是在他长时间全神贯注于某个玩具或做某件事的时候，绕到他身后轻拥着他，然后把脸凑过去蹭蹭他的脸。有时会这样静静地抱着他不说话，看着他手里的动作。我用这样的方式陪伴他，告诉他："妈妈在你的身后陪着你。"

这一切的动作都必须是轻柔的，尽可能不要打断孩子手中进行的工作，不要把这拥抱变成对孩子的打扰，这只是一种情感的表达，为了给他增加安全感，让他感受到爱的力量。在锐很小的时候，对于我的这个动作他是面无表情的，像是没有感觉，偶尔还会扭动两下身体想要拒绝。但我能感觉到他并不是真的抗拒妈妈背后的拥抱，后来他越来越享受我的这个拥抱，再后来我发现他经常会用眼神来寻找我的身影，期待妈妈从他的背后出现。

不过这个动作也仅限于妈妈来做，如果是其他人（爸爸）想和他这样拥抱，他会像触电一般跳起来，表现出了坚决的拒绝。现在也可以说，这个拥抱动作是妈妈与他之间最默契的互动方式，这个互动方式是我们之间所独有的，是独一无二的。他不必去确认对方的脸，只要有人从背后探出头来就一定是妈妈。只要妈妈做出这个动作，他脸上的表情也会立即变得丰富起来，会带着顽皮的撒娇来回应我。

在这时候，我们之间的互动氛围会非常融洽和谐，可以感受到空气中爱的温度。而对于语言沟通有障碍的孩子来说他们的问题就在于无法专注于语言，在我们说话的时候这些孩子特别容易走神，听不进去。当妈妈拥抱着孩子的时候，离孩子最近的部位就是耳边，有些话就能够贴在他耳边轻轻地告诉他。这个时候的话语传递往往是最有效的语言沟通，因为如此近距离的交流，更容易抓住孩子的注意力。彼此间身体的距离被拉近，心也会同时被拉近。此时说出来的话，对方也就更容易听得到，更容易感受得到，甚至孩子不用听懂具体的语言内容，一个轻轻的拥抱。带着浓浓爱的温度，那可能对孩子来说是在这世间最深的依恋。

任何孩子（人）都需要拥抱，这会让他们感觉自己是独一无二的，是被爱护被珍视的。但对于不同个性特质不同年龄段的孩子，我们所使用的肢体交流方式应该也是会有所差异的。我们也会和哥哥之间经常拥抱，更多的是正面的拥抱。正面拥抱和将孩子整个抱起时是不同的，正面拥抱是一个相互的动作，因为我们在给予拥抱的同时也获得对方的拥抱。

我们在给出孩子爱的同时也在被孩子爱着。同样的，与他之间的很多深度交流，也是发生在肢体近距离接触的时候。因为有肢体动作在传递着潜意识中的信息，这比语言上的沟通更容易也会有更好的效果。所以不管是从现实意义上来说，还是从情感意义上来说，都值得我们多去拥抱孩子（他人），拥抱作为最常见的肢体语言，它最快捷地传递着彼此之间的情感。最直观地表达着情绪的感受。

生活中缺少拥抱的孩子（人），更容易是冷漠的，感情枯竭的。有研究结论表示："我们在沟通中语言文字本身的沟通价值只占一小部分，语音、语调、声音占比，比文字的意义还多。"而最能产生有意义互动和交流价值的就是身体语言，包括面部表情、姿势、手势，等等，这个研究结论，在我自己的生活中也得到了非常有力的印证。可能在日常中我们更多在乎的是语言所表达出来的内容与字面意思：对方是否能够清楚地听见？是否能理解我们所传递的语言内容，文字意思，却忽视了我们的语音语调和身体语言所表达出来的东西。因为一直以来我们更专注于理性的学习和运用，却忽略了感觉才是对一个人影响最大的部分，而感觉主要是由肢体语言所传递出来的。

说出来的话语（语言表达内容）虽然在沟通中有着重要作用，但是决定它效果的其实是肢体语言。任何有力的语言和正确的道理，都敌不过一个充满真情实感的爱的拥抱！

因为拥抱有它的温度。拥抱有它传递的情感。孩子的童年是短暂的。特别是有特殊语言障碍的孩子。有时候他们会被困在一个无形的世界里，他们需要更多的爱与呵护，需要更直观的爱的表达，需要更多温暖的拥抱。这会让他们感受到这世界不冷漠。让他们感受到自己是被深深爱着的。这有助于他们与这世界直接地产生联系。这也能够帮助他们走出那个封闭的世界，来到我们这真实的世界中，感受生活中的喜怒哀乐。

独立与依赖

随着社会生活的发展，人类生活越来越多姿多彩，却也越来越复杂难懂。面对着纷繁世界的千变万化，父母的焦虑点又有了新的变化。

比如说独立。很多专家认为，在现代社会生活中培养孩子的独立性对他们未来的人生之路很重要。家长都因害怕自己孩子不够独立，于是要求一岁的孩子能自己玩不用妈妈陪，六岁的孩子可以自己去睡不需要人哄，八岁的孩子自己吃饭不要人喂等等。以此标准来培养孩子的独立性。如果孩子黏人，或者是要妈妈陪睡，不肯自己吃饭，家长就非常担心，生怕这会让孩子不够独立。

有妈妈曾私信和我说：孩子3岁了，为了培养孩子的独立性开始分房让他自己睡，现在几乎每天晚上睡前都要和孩子纠缠一番。这位妈妈有些疑惑：不知道自己是不是做错了。

还有的家长早早地把孩子送去入幼儿园，要培养孩子独立；早早地把孩子送去寄宿学校，要培养孩子独立。

说实话，很心疼这些孩子。

这些父母不仅不理解孩子的独立性是什么，也不理解孩子的独立性是怎么来的，以为让孩子自己做事就是培养独立，离开家离开妈妈独自生活就会更独立。

虽然"独立"是我们现代人经常挂在嘴边的一个概念。但很多人却没有真正认真地思考过什么是"独立"？"独立"的本质是什么？

独立的书面解释是："独自完成任务，独自解决问题，不轻易求助他人"。于是有些人对独立的理解便是：独立＝不依赖。但是，世界上没有人能做得到完全独立。首先我们得承认这个事实：再厉害的人，他再努力都不可能做到绝对独立。没有人敢说:"我可以不依赖别人,完全靠我自己的力量活着。"

人类是天生的群居动物,我们需要彼此,不论是生理上的还是心理上的。每个人都需要吃喝拉撒睡,都要面对生活中的油盐酱醋茶,难道一个人能够把这些全部自己解决吗?再从心理上来说,每个人都有沮丧、悲伤、失望的时候,难道都是自己去治愈,不需要他人温暖的鼓励和赞许的目光吗?所以,依赖,不只是生存需要,也是为了让生活更有意义。

最重要的是:人的成长都是从依赖走向独立的。每一个人的成长规律都是先从被父母抱在怀里成长,再到开始独自站立、迈开脚步学会行走的。被父母抱在怀里咿呀学语的成长阶段便是为孩子将来独立行走打下基础的时期。会依赖、能依赖,便是一个人独立的基础。有些人非常强调独立,并且完全拒绝依赖,对于他们来说,依赖意味着自己会像婴儿一样软弱无助,没有掌控感,他们会尽其所能地通过各种各样的方式营造情感上自给自足的感觉,拒绝来自他人的帮助和理解。

其实在孩子小的时候,黏人才正常,通过黏人将来才能发展出独立性。
孩子只有建立了对妈妈的信任,才能逐渐建立对外部世界、对其他人的信任感。
养育者给孩子营造了一个稳定的,温暖的家庭环境。这样,他们才会信任养育者,只有信任养育者,有了这样的安全感才敢于去探索,才能发展出独立性。

不要急着培养孩子的独立性,你把孩子推开,急着让他离开你去适应新环境,你觉得这是在锻炼孩子,其实是在伤害孩子,伤害亲密的亲子关系。
急着培养孩子的独立性,把他推开,恰恰让他感到不确定,这使他越来越想要黏上来,越想要证明妈妈到底爱不爱他。
妈妈给孩子的安全感以及孩子跟妈妈的亲密关系,是孩子独立的基础。只有先亲密才能更好地独立。

独立与依赖

很多家长只看重表面现象，让孩子自己背个书包去上学，去买个早餐，就以为是在培养孩子独立性了。看到一些家长替孩子背书包，就认为妨碍了孩子独立性的发展。自己背书包是独立生活能力的体现，其实有时候孩子的书包太重，帮孩子背一下不会损害孩子的独立能力。孩子自己能上下学确实是独立生活能力的体现，但现在路上车多，去接送孩子上下学也并不会损害孩子的独立能力。

我认为我的孩子是挺独立的，但我认为他的独立性体现在能有勇气发表自己的见解，看待问题有自己的思考态度……

独立的主要体现并不在于表面形式。

如果父母在本质上不尊重孩子，在思想上压制孩子，不让孩子自由表达，不允许他们有自己的想法，那么这样的孩子很难有自己的见解，对自己的生活也难以有责任感，更谈不上独立。

所以，孩子独立的关键是，父母对孩子的支持，尊重与爱。

独不独立不要单看表面的现象，关键是要问问自己，和孩子的关系怎么样，孩子能不能完全信任你，孩子能不能把你当成安全港湾，你有没有给孩子温暖的支持和爱。

把这些问题都想清楚了，根本不用担心孩子的独立性发展。

过分重视培养孩子独立的父母往往自己是充满依赖渴望的。

一个人过分强调独立，什么事都不靠别人，他的内心反而可能是很依赖的。

一个人过分强调不需要XX东西，其实内心里是很想要这样东西的。

反依赖的本质是他太想要依赖，但又害怕求助别人被拒绝，于是就会从源头上掐断自己被拒绝的可能，他们会觉得那是无欲则刚，不表现出欲望和渴望，就不会有失望。这样的心理是畸形的，他拒绝了改善的可能，那造成这一切的原因是什么呢？

过分强调独立的人，其深层原因是他们的心理成熟度还没有达到能够面对自己有依赖需求的程度，他们不能公平、客观、理智地正视自己的内心需求。真正有勇气的人，他一定知道依赖可能会被抛弃，可能会被伤害，可能会被拒绝，也仍然会选择敞开自己，去用心地感受这其中的过程。这就是生命的过程与生活的意义，这也是生命之美，因为生活本来就是会有未知的波折，没有期望的生活，又怎么会是美好的呢？

有很多人并非是没有可以依赖的关系或者是人，而是他们难以放心投入地去依赖。他们并不抗拒依赖，只是他们在依赖的同时总是带着诸多恐惧和焦虑：恐惧会失去，焦虑被抛弃……更多人无法真正独立的原因，并非是因为他们太过于依赖，而是从来没有真正地依赖过他人。不敢放下自己，暴露自己，让自己安心地去依赖。即使他们有可以依赖的关系和人，但疲惫奔忙的内心却从未在这关系中得到过真正的休息与帮助。

"会休息的人，才能跑得更远。"敢于暴露自己的脆弱与疲惫去依赖的人才能更稳健地独自上路。所谓心底无私天地宽。心中不怕被伤害，不怕被辜负，才是真正的勇敢，才能真正地面对生活中的风霜雨雪，四季冷暖。

所以，要理解独立，先要理解什么是依赖。要学会独立，更要先敢于去依赖。

对于父母来说，想让孩子独立更需要让他们先安心地依赖。

无法真正独立的本质是因为无法安心地去依赖。

而无法安心依赖的本质是无法去信任，无法去没有顾虑地勇敢交付。依赖和独立是分不开的，是并存的。独立可以让人获得更强烈的自我存在感与成就感，依赖让我们从关系中获得更多的亲密感与安全感。真正成熟的人能够灵活地在两者之间自由转换，不要错误地把独立理解为就是要摆脱依赖和牵绊，就是要无需依靠任何人。

对于成年人来说只有真正有勇气敢于依赖时，才能理解什么是真正的独立。对于孩子来说只要有了安全可依赖的港湾，无需刻意培养独立，便能自然形成真正的独立。

听话与合作

小时候，父母对我们的态度大多的简单粗暴。比如我的父母，对我的要求就两个字：听话。似乎只要我是个听话的孩子，父母的生活压力会骤然减轻，只要听话按照父母的要求指示来行事，生活中的难题都能迎刃而解。遗憾的是我让他们很失望。

"你要听话"其实也是很多父母对孩子的口头禅。父母都希望自己的孩子少让人操心，一切听从大人的吩咐，按照大人的意图来行事。于是"要求孩子听话"几乎成了所有父母们的一致追求。

一种养育模式，在没有觉知与斩断之前是会一代一代复制下去的。会被当作一件无形的传家宝，一代一代流传下去的。也就是说，你会无意识地使用曾经父母对待自己的方式来对待你的孩子。无论你曾经有多么痛恨父母对待你的方式。

所以现在很多父母依然会强调孩子要乖巧听话，不要调皮，要在学校遵守纪律，积极完成老师布置的学业任务，上课认真听讲，下课认真做作业，做一个父母，老师眼中的好学生，乖孩子。

"在家听父母的话，在学校听老师的话。"也许可以算得上是父母对孩子的最高期待。听话的孩子自然也是深受父母和老师喜爱的。然而，你可曾想过，听话的孩子有可能会为了得到父母的赞许，老师的肯定而放弃自己的主张，违背自己的意愿，忽略自我真实的需求，压抑真实的自我。他们仅仅是为了去迎合父母"听话"的要求呢。

这些孩子长大后，惯性的听话就变成了讨好，他们可能会不自觉地通过讨好他人来获得别人的认可，来填补内心自我缺失的空洞，会让自己匮乏的人生，因为"听话"而获得一点儿别样的光彩。并且他们会为了满足这一点，而丧失了真正的自我。

"听话"久了，也许会慢慢习惯于按照别人的指示行动，如果一旦失去他人指示，可能就会茫然不知所措，找不到自己的方向，也无法坚持自己的立场，不能把握自己的人生。

身为父母，我们真的希望孩子将来以"听话"的模式度过他们的人生吗？小时候听父母的话，在学校听老师的话，长大了听伴侣的话，工作了听老板的话，是我们养育孩子的目标吗？我们真的愿意把孩子养成这样吗？

其实，很多父母在强调孩子要听话的同时，内心是矛盾的：他们也会期望孩子是有自己独特个性的，有创造力的，敢于表达自己态度的独立的个体。

毕竟，现代受过教育的父母都明白这些品质有多宝贵。只是，这些品质与"听话"恰恰是对立的，是不能共存的。要求孩子听话的本质是对孩子的驯化与掌控。同时无意间将亲子关系转变为上下级关系，就像上级向下级发号施令，下级不能也不需要有任何质疑，只能依照上级的意愿办事，而不能提出自己的见解，不能反抗。所以，能成功养育出听话的孩子，并不是家长值得骄傲的事，不过是父母驯化成功的结果罢了。

小的时候特别听话或是被要求听话的孩子，往往不是走向懦弱平庸，就是在青春期迎来猛烈的叛逆。相信这两种情形都不会是父母所想要看到的。

有些家长的思维模式中认为不要求孩子听话就等于允许孩子任性妄为。其实，在"听话"与"任性妄为"之间存在着第三种选择，第三种相处模式，那就是：合作。

任何关系的本质都是合作。

婚姻关系、同事关系、主雇关系、家庭关系……任何关系都一样，亲子关系也不例外。让孩子学会合作，培养他们的合作能力，才应该是我们养育孩子的目标。对于我来说，从不关心"如何能让孩子听我的话"，我只思考"孩子想要的是什么？如何以合作的方式满足孩子的成长需要和我自己的需要。"

在有些成年人的观念里面，人和人的互动模式，就是管制与服从；发号施令与顺从；谁对听谁的。换句话说：不是听你的，就是听我的。下级听上级的，学生听老师的，孩子听父母的，丈夫听妻子的，或者是妻子听丈夫的，等等，关系总是由"主体"与"从属"两种角色构成。他们并不真正理解什么是合作，什么是平等。

我们都会说要尊重孩子，而尊重孩子的第一步就是从我们的头脑中去掉"听话"这个概念，去理解，去学习什么叫与孩子合作。其实很多时候我们并没有真正尊重过孩子，也不会把与孩子互动看作是合作，其实大部分人嘴上叫嚣的尊重，只是一种口号，只是一种为了显示自己文明科学的教育态度的口号。其实在他们心里会认为：孩子就应该听自己的，孩子就应该服从家长，所以才会理直气壮地要求他们"听话"。

想象这样一个场景：孩子回家想要看电视。父母往往会带着不满的情绪回应："放学回来就要看电视，作业做完了吗？能不能有点儿自觉性？"反过来，如果我们是以合作的态度看待这样的事例呢！首先我们要看到：孩子放学回家想要看电视，这是他的期待。这时父母可以协商的态度提出自己的期待：作业的事，你打算怎么安排呢？

很多时候，态度大过于交流的内容。

往往只要父母以这样的态度对待孩子，孩子多数都会是很配合的，因为自己的需求得到了父母的尊重。于是，合作便容易达成。与孩子发展合作的关系模式，看上去简单其实很不容易。它不仅需要打破我们习以为常支配孩子行为的思维模式。更重要的是：要保持开放的心态，去倾听孩子的诉求，不要把自己的需求当作是绝对正确的。从而一票否决了孩子，没有协商的余地。这样就谈不上沟通交流，更谈不上合作。只能落入"发号施令"与"听从"的互动模式中。

也许在有些人看来，这样的合作也不过是条件交换。这样的外在形式可能像交换，但其本质是有根本性区别的。合作的本质并不是条件的交换。而是一种构建关系的方式，它强调的是尊重每个人的需求。父母的需求（有质量地完成作业）需要孩子配合。孩子的需求父母也需要了解并尽可能地给予满足。孩子的需求（看电视）如果真无法满足，父母也要给出诚实的理由。

如何合作。首先，我们要理解孩子想要什么，同时承认孩子的需求是合理的。第二，我们要让孩子知道自己的需求是什么。第三，找到一个方式，在满足孩子的同时也满足父母。讲求合作，就是不会让任何一方委曲求全，就是要让大家的需求都能够被看见。

父母和孩子在日常的相处中总是会有太多不一致的地方，合作的前提就建立在怎样对待这些不一致的地方。学会了合作，也就不再要求孩子"听话"了。

用合作的态度对待孩子，让他知道自己作为一个有着独立自主意识的人，自己的任何需求不论是否被满足，都是合理的，是值得被重视的，让他敢于在今后的工作和学习中不盲从，有主见，有面对差异的妥协，有直面错误的纠错能力，更有对一切不公的反抗精神。

孩子与秘密

你的人生中有秘密吗？我想答案会是肯定的。谁没有一个属于自己的小秘密呢？

但你能允许你的孩子有自己的秘密吗？也许对于有些家长来说答案是否定的。他们看着自己的孩子从一个襁褓中咿呀学语的婴儿变成了一个童言稚语，知无不言，言无不尽的孩子，习惯了孩子与他分享所有生活中的喜怒哀乐，分享生活中所有的秘密。孩子心灵的大门永远对家长敞开着。但是有一天，自己的孩子忽然关上了这扇分享秘密的大门，家长的内心往往是难以接受的。

尹建莉老师说过：所有的爱都指向亲密，唯有父母对孩子的爱是指向分离的。

分离，不仅是指物理现实中的分离，更是指内在心理上分离。

随着孩子年龄的增长，尤其是进入青少年阶段以后，很多父母可能会发现：孩子变得在父母面前已经不那么透明坦白了，他们的很多想法可能会和自己的同伴去交流，但却对父母守口如瓶。

这也许让父母感到忧虑：是不是自己做得不够好，所以才让孩子和自己有了距离？如何才能拉近自己和孩子的距离？怎么样才能回到从前那些和孩子没有距离没有秘密的时光中呢？他们也许会认为家长如果不够了解孩子那是不负责任的，还会害怕孩子在自己不了解的情况下走歪路。

其实，在孩子小的时候，他们对秘密是没有概念的。所以什么事情都会跟家长说，也就没有秘密可言。随着他们年龄的增长，对父母毫无保留的这个阶段已经过去了。他们开始拥有自己的秘密。矛盾可能就会出现在这个时期：孩子虽然长大了，但父母对待孩子的思维方式，往往不会随着孩子一同成长。父母会疑惑："有什么见不得人的吗？为什么要有秘密？""你是我的孩子，有什么不能让我知道的？"面对已经对自己有所隐瞒的孩子，多数父母都会感到些许不安，都希望自己能够更多地了解自己孩子的真实想法和行为。甚至在有的父母眼里，孩子似乎永远是长不大的，而自己作为父母永远有权利了解他们的一切动向，孩子就应该向自己毫无保留地打开心扉。这时候有的父母可能会千方百计地去侦查了解，化身福尔摩斯，翻孩子的手机，查看他的聊天记录，或者是用话术诱导他们说出自己的秘密。

家长在这样做的时候想过孩子的感受吗？这种做法对孩子不是一种伤害吗？

孩子是需要有秘密的。

这是他们的心智走向成熟的必然表现。父母需要允许孩子有自己的秘密，而不是企图了解掌握他们的一切。这对孩子来说非常重要。孩子有了自己的秘密，代表他们有了独立思考的能力，有了自己独立的人格。他们会有许多只属于自己的思考，和父母不一样，和其他人也不一样的想法。这就是他们自我意识的萌芽。一个人自我意识的萌芽就是从拥有秘密开始的。

所以，秘密也是区分一个人"自我"与"他人"的一种存在。孩子拥有了秘密，其实是长大的标志。

现代大部分孩子都能够有自己独立的房间，所以从物质空间上来说是宽阔自在的。但如果父母不能允许他们拥有自己秘密的话，他们的心理空间就是狭小的。拥有秘密的孩子相当于有了自己的世界，有了自己独立存在于世界的自由空间。也正是这个秘密空间让孩子走向独立的成人之路。拥有自己的秘密，守护自己的秘密，对孩子来说是他的责任和权利。一个没有秘密，不能守护住自己秘密的孩子，是无法长大的。就算是生理上长得再人高马大，内心也是在幼儿期，从这个角度来说，一个没有秘密的成年人，并不能说他是一个坦荡磊落的人，只能说他还不是一个真正独立的成年人。

因为没有秘密，某种程度上来说就等同于没有自我。

对于父母来说，想要了解孩子，了解他们心里想什么、关注什么很正常。

但了解孩子的方式特别重要。唯有让孩子信任，他们才会有可能愿意和你分享部分的秘密。父母需要给予孩子心理上的空间，尊重他的秘密，尊重他们的想法，才能获得他们的信任。

尊重孩子的秘密也就是尊重孩子的独立人格，也就是保护孩子的自我意识。

要允许他们有自己的空间，有自己的秘密。不要用间谍式的手段去探听他们的秘密。尤其是青少年时期的孩子，他们对于自己的秘密看得非常重要，如果父母粗暴地干预不仅是对孩子的不尊重，更会加深孩子与父母间的隔阂和对立，使他们在面对父母的时候心扉关闭得更紧更严。当孩子信任父母，愿意分享秘密的时候，父母要牢牢记住，孩子需要的只是你的倾听，而不是你的指教。不要去理性分析或向孩子传递价值经验。当孩子不愿意分享秘密的时候，父母需要记住，只要孩子没有越过底线，就不要总期待孩子与自己做"敞开心扉"的交流。要尊重孩子的秘密，信任孩子，才能获得孩子的信任。这样的孩子成长的大方向也就错不了，这样的孩子才能长成有独立人格和自我意识的优秀的成年人。

对于孩子的秘密，我们家长应该欣慰地看待孩子的变化。这预示着孩子在成长，这也预示着孩子有了自我管理的意识与能力。所以理性对待孩子的秘密吧。让那些纯白的少男少女们有自己的情怀，有自己的希望，有自己生活中的甜美甘泉。这就是生活美好的力量，这也是成长的力量，是我们家长应该尊重并理解的。

孩子与危险

提醒孩子注意安全是一个每天每时每刻都会充斥于人们耳边的话题，安全无小事，安全大过天，都知道安全是重中之重，绝不能忽视。说到孩子的安全意识，所有人都会告诉家长：孩子的安全意识应该要从小培养。至于如何培养孩子安全意识，上百度查一查，马上能够弹出来几十数百条的具体的培养方式。所以从理论上来讲父母们都知道该怎么做。

但，很多父母还是会问：正确的道理和孩子说了无数遍，孩子还是没有安全意识／安全意识很差……怎么办？

安全意识很重要，没有不在乎孩子生命安全的父母，在每个父母的心中，孩子的安全问题是最不能被忽视的。在安全教育的培养上，相信每位父母都会向自己的孩子传递了足够多的，要保护自己生命安全重要性的信息。然而大部分父母对孩子进行安全教育的方式却是不恰当的：说教、唠叨、恐吓、警告……比如，告诉孩子："不许碰""不要摸""很危险""会受伤……"又或者不断提醒："小心，别磕到摔跤了。""垃圾桶不能碰，很脏有细菌。""剪刀不能玩，戳到会出血！"

其实，这些告诫对于孩子来说就像"狼来了"的故事一样。父母天天在耳边念着，好像到处都有狼，孩子呢，却从来没有见过狼。孩子体验到的反而是："妈妈说这个不能碰，我碰了也没怎么样呀。""爸爸说不能跳，我跳下来也没事啊。"进而，孩子会怀疑父母所说的话。孩子会把父母的说教当成是虚假的恐吓。

所以，我们不要用不存在的伤害或者是存在概率很小的伤害来恐吓孩子，这会造成孩子对危险和正常情况的认知失常：不是胆小畏缩就是胆大妄为，在判断危险的时候缺乏分寸感和准确性。

同时，这些警告与恐吓会丧失孩子对父母的信任。信任很重要，只有孩子在信任父母的时候，父母向他们传递的信息才会被他们所接受。否则父母说得再多做得再正确，他们也会充耳不闻。当我们在向孩子传递危险意识的时候，一定要对危险做出准确的定义。

比如说告诉孩子剪刀、水果刀是危险的工具的同时，也要让孩子知道正确使用它是不会造成危险的。不要一看到孩子手持刀具就紧张地大呼小叫："不要碰！很危险！"而是要让他们知道什么情况下这些东西会给人造成危险，如何使用才是安全的。

比如说玩火，父母总是告诉孩子火是很危险的不能玩。这并不能让孩子对火的危险有真正的理解。因为孩子在看到火柴、火苗，父母使用打火机时，并不能真正认识到火会带来的危险。只有让孩子去了解什么时候火会带来危险，如何使用火才是安全的……才能让孩子真正具备"火"的安全意识。

换句话来说：只有当孩子对生活中会带来危险的事物与行为有了真正的了解后他们才能学会理解并应对危险。学会应对危险的孩子才会有真正的安全。

同时还要给孩子更多的体验机会，在基本的安全保证与家长监护下，可以尽量让孩子多去尝试一些行为。比如跳台阶、爬树、翻栏杆……这些都是二十世纪八九十年代孩子日常进行的"危险"活动，适度的冒险会让孩子更了解自己，了解自己的身体与各方面的协调能力。

其实每个人生下来都有求生的本能，都有保护自己的本能，为了生存有些行为与生俱来，不学就会。比如孩子在摔跤时会自然地用手撑地面抬起头部，避免头部受到伤害。当有物体可能会伤到眼睛时本能会让他紧闭双眼……所以我们要信任孩子自我保护的本能，同时去观察孩子在面临危险时的反应，让他们在体验中去学习。而不是紧紧保护着孩子，杜绝他们身边一切发生危险的可能。

当孩子做好准备想要去尝试的时候，最好不要因为我们自己的恐惧而阻止孩子行动。尤其是当我们在孩子面前表达太多对现实环境的担忧与恐惧时，他们很可能会反其道而行之，冒冒失失好像完全没有安全意识。因为他们也不需要有安全意识，所有需要注意安全的地方都会有人提醒，替他们考虑是否安全。任何孩子都不喜欢父母的重复唠叨，不断的唠叨提醒，在他们看来是父母对自己的不信任。同时，太多的不准，不许，不能，也许会让孩子有更多的好奇，因为：禁令越多，诱惑越大。

总的来说，缺乏安全意识的孩子往往缺乏的并不是与安全相关的理论知识。养育是一个整体，父母需要以整体的眼光去理解孩子，要从自己平常的一言一行，与孩子互动方式等多方面来考量并理解孩子的行为。

可以说，世界上没有不关心孩子安全的父母。没有父母愿意看到孩子的生命受到伤害。我也绝不例外。但我们也要认识到：生活中危险始终都存在。甚至可以说是无处不在。

如果我们因为恐惧而牢牢地把孩子限制在自己的目光监护之下，那么这并不是对孩子的爱与负责。真正地爱孩子，需要给予他们与年龄相符的自由行动空间。

从我个人生命价值观来说，我做不到因为对孩子生命安全的焦虑而限制他们应有的自由行动权利。当然在放手的同时我对孩子的安全意识是信任的，这些信任也并非是盲目的，而是在一次次生活尝试中形成的。

我知道，哪怕孩子的安全意识再好，放手也是有风险的，我也是会焦虑的。但我愿意承受焦虑的考验与承担发生意外的风险。养育孩子的过程，理解哪些事是自己能控制的，哪些又是自己不能控制的，这需要智慧，更需要勇气。

如何保障孩子的安全，从现实角度来说，作为父母在日常生活中做好监护工作的同时保持一定距离，以便给予孩子充分的体验，给他们尝试和犯错的空间，让他们在适当痛苦和错误中学习，使他们获得属于自己的安全意识和保障自己安全的能力，这才是建立孩子安全意识与保障安全的最佳方式。并且，当我们能放下自己的恐惧去观察孩子时，也许会在孩子保证自己安全的行为能力上有不一样的发现。

礼貌这件事

作为一个有着悠久文化历史的东方古国，在传统文化里古人讲究君子六艺。所谓六艺即礼、乐、射、御、书、数。其中礼，作为六艺之首排在第一位，可见古人对礼的重视。当然古代的礼主要是指礼仪，今人的礼主要是指礼貌，它们有着区别，却也有相通之处。再回到孩子的教育问题上，我们总希望自己的孩子能够继承优秀的传统文化，希望自己的孩子是礼貌的孩子，是受欢迎的孩子，是有素质的孩子。我们总希望自己的孩子长大后在社会上能够有礼貌，有教养，受人欢迎，讨人喜欢。那怎么才能培养孩子的礼貌意识呢？怎样才能让孩子长大成人后有一个良好和谐的人际关系呢？怎样培养孩子的礼貌意识，让孩子带给周围人更多的友好与愉悦呢？

在谈论如何教育孩子讲礼貌之前，我们首先要知道什么是礼貌，什么是不礼貌。

很多人认识的礼貌是这样的：见人主动打招呼，见到长辈要问好，请别人帮助的时候要说"请"和"谢谢"，公共场所不大声说话，遵守规则……换句话说，大部分人所理解的礼貌其实都是外在行为上的礼仪规则，是一种流行于表面的规定模式。而真正的礼貌却并不止这些。

我们常常在外面会遇到这样的情景：走在路上遇到熟人朋友带着孩子，成年人自然会亲热地打招呼。这时候很多家长往往不管孩子和对方熟不熟，认不认识对方，都会示意孩子赶紧打招呼："快过来，说阿姨好。"有时孩子没有反应过来可能还会受到责备："没礼貌""没长嘴巴……"每当我遇到这些情景时心中都会有些惶恐：我也没向孩子问好，孩子跟我也不熟悉，为什么一定要向我这个陌生阿姨问好呢？还为此让孩子挨训，唉……这让我有些不解和歉疚。

95

我更不明白的是孩子不跟人打招呼不礼貌，还是家长的训斥更没有礼貌。

很多父母都会教孩子懂礼貌，见了所有的叔叔阿姨都要问好，临走的时候都要说再见……或许在孩子婴儿期学说话的时候我无意识地指导过他这样做。但在我仔细观察，并对礼貌这个概念有了更深刻的理解之后就再也没有要求过他要有见人打招呼，说谢谢，说再见这些形式上的礼貌。说实话"不教孩子讲礼貌"我的确是顶住了很多压力才做到的，这股压力更多的是来自于自己心底。而当我在看清所谓"教育"的本质之后，更是很难装模作样地说一些流于表面的教诲孩子的话了。

我不教孩子讲礼貌，是不是孩子就会不讲礼貌呢？并不是。
我从很多生活细节上能够感受到孩子是一个真正有感情、懂礼貌的孩子，也就更不在乎从表面上来看他的表现如何。我不在乎孩子是否给我挣了面子，也不希望孩子在外人面前表现出虚假的礼貌。

我也一直相信教育是一件细水长流的事情，要随风潜入夜，润物细无声，要自然而然地发生，不能急功近利、急于求成。教育是一种等待，这等待需要耐心，需要信心，就像种下了一颗种子，要慢慢地等它发芽开花结果，然后就是默默地努力提供养分和合适的环境，静静地陪伴，让孩子自然地成长。

孩子现在的表现更加证实了我的认识是对的。不去要求孩子讲礼貌，不去指导孩子该如何懂礼貌，孩子一样会懂礼貌，并且还是由心而发的。是诚心诚意的真情流露。
因为孩子的学习是通过大人做了什么看到的，而不是说了什么获得的。身教永远要重于言传。
因为孩子通常都是以父母对待他的态度和方式来对待他人，对待这个世界的。因为孩子最初的世界观是以父母的行为作为参照的。
如果发现孩子不讲礼貌，不尊重人，我们就应该要检讨一下自己是不是对孩子不够尊重。很多父母自己对待孩子毫无尊重可言，却还批评孩子不讲礼貌，不尊重父母。比如当自己当众责备孩子不打招呼没礼貌时，却没有想过自己的做法就很没礼貌。

尹老师说:"教育中的假惺惺症太多了,大多数人对此是无意识的。所以重要的是我们做家长的一定要时时观察自己,在和孩子的相处中,有没有做好榜样,是不是双标,前后逻辑是否一致,是不是诚实的,是不是对孩子充满善意……"。

我们要明白,让孩子学习讲礼貌,并不是要教他们说"请"说"谢谢"这些礼貌用语,这些都只是一些表面礼仪,都是一些固定的模式与词句,真正的礼貌是让孩子对生命充满感恩,对周围的一切人或物都心怀善意,充满尊重。而这些都不是能通过培养或者是讲道理、说要求可以获得的。文明礼貌也好,感恩也好,都无法用说教或强制的方式实现的。

想要拥有这些品质是先要给孩子创造一个人与人之间能够彼此关心,互相体贴的环境。给予孩子爱的滋养、无条件的尊重、不求回报的温柔。在这样的环境中成长的孩子还有必要担心他学不会礼貌吗?

尹老师说过:"有时候教育看起来似乎是这世上最容易的事,却又似乎是这世界上最难的事。它千变万化,难以捉摸,因为它没有一个固定的公式,但却有一个通用的定律,那就是以身作则。"我们希望孩子成为一个什么样的人,那么我们自己就应该先成为这样的人,让自己成为孩子的榜样。然而讽刺的是我们常常在用暴力教孩子讲文明,用粗鲁教孩子懂礼貌,用控制教孩子要学会独立思考,用失控的情绪教孩子要有高情商……

作为父母我们最艰巨的任务就是做好自己,把自己活成指引孩子前行的一盏灯,这不仅是自身生命价值的体现,更是对孩子最好的教育示范。我们要记得,孩子永远都是通过父母所做的,而不是所说的来学习的。所以我从不说"要如何教育孩子",我所关注的永远都是"我们该如何做父母"。

教育中的自然后果

你听说过教育中的"自然后果吗"？你了解什么是教育中的"自然后果"吗？

相信只要是读过几篇教育类文章，或者是看过几本相关书籍的父母都会知道"自然后果法"这个概念。

自然后果法最早是指法国教育家卢梭提出的一种教育方法。也就是：如果孩子犯了错，造成不良的后果，就让他自己去体验，并且承担自己所犯的错误造成的不良后果，目的是通过体验让孩子收获成长经验。这就是"自然后果法"的基本含义和由来。

在"自然后果法"中，有这样一个事例我在很多文章、课程、书籍中都看到过。也正是这个典型事例，在我看来却是对自然后果法的误读误用。

有位上一年级的小朋友，经常不记得带家长准备好的午饭去学校。所以需要妈妈每天都挤时间开车去学校给他送饭，这让妈妈很是烦恼。妈妈在学习"自然后果法"之后就决定：让孩子体会一下不带午饭的自然后果，饿他几次肚子，也许就会让他自己记住要带午饭了。

但是妈妈的计划被老师干扰了，因为孩子会找老师帮忙来解决午饭问题。妈妈知道之后就和老师达成了协议，让老师不再帮助孩子解决午饭问题，要让孩子尝到饿肚子的滋味。后来，孩子再忘记带午餐向老师求助的时候，老师只能抱歉地拒绝了他。最后，是他的一个朋友分给他半块面包。自此以后，孩子便很少忘记带午饭了。妈妈的做法取得了成功。这个故事一直都被当作是"自然后果法"成功应用的典型案例来传播。

在生活中也常会看到父母对孩子使用类似这样的"自然后果教育法"：只有自己记住带上午餐，中午才有饭吃，找其他人求助是不可以的。因为这样孩子才记得住为自己备好午餐，对自己的事情负责，让自己长记性。

比如有的家长会规定，半个小时内不把饭吃完，就要把碗收走，不许再吃了。因为这样孩子才能学会认真吃饭，不拖拉。一个小时内不完成作业就不许再写了，只能第二天接受老师的批评。因为这样会让孩子学会认真写作业，不磨蹭。凡此种种，很多家长对"自然后果法"的一个很大的误用就是：把人为设定的规则当作是自然后果。

有些时候我们以为的自然后果，其实是权威设定的规则后果。比如上面这些所谓的"自然后果"，其实都是人为设定的规则后果，都是隐蔽的惩罚。再怎么美化成科学的教育手段，也无法掩饰其惩罚的本质："你不按我制定的规则来，就得给你点儿苦头尝尝""吃饭不快点儿，就别吃了。忘记带午饭，就得让你饿肚子。写作业不认真，明天就要让你挨批评。"凡此种种，不一而足。

现实分为两个层面，一个层面是自然现实，自然现实对应的是自然后果。自然现实是无法由个人的意志、能力而改变的。就像天要下雨，出门遇到堵车……自然后果就是自然而然会发生的事情，这些事情不以个人的意志为转移，是无法避免的。比如：不吃东西肚子会饿，冬天不穿厚衣服身上就会冷，摔跤了身体会痛……这是会自然而然发生的事情，是遵守自然规律的事情；另一层面的是人为设定（制定）的现实。人为设定的现实对应惩罚性后果。有些惩罚性后果是明晰可见的：闯红灯了就要罚款，上班迟到了就会被扣工资……在社会运行的框架中有些惩罚性后果是必要的。同时这些规定与惩罚性后果都是根据现实情境而设定并针对所有人的。

然而父母对孩子所设定的规则，就像只隐形操控手，把惩罚性后果包装成了自然后果，并让人难以识别，会让孩子误认为那是无可改变的自然事实，只能乖乖臣服于它，不可反抗。

其实真正的自然后果，并不一定会剥夺人的某些需求，也不一定会给人带来痛苦体验。因为人是有智慧的，可以通过想办法来解决问题，或满足自己需求。事例中对孩子所面临的真实的自然后果就是：中午忘了带饭，他需要自己想办法解决自己的午餐问题，或者饿肚子。

对于这个问题，孩子其实已经找到解决办法了：向老师求助。并且他获得了老师的帮助，解决了可能会饿肚子的问题。所以，孩子事实上已经承担了自然后果。

但孩子这种承担自然后果的方式并不被家长认同。他解决问题的智慧被比他更有智慧的家长"聪明"地阻断了。目的是为了让他完整地体验自然后果："不许给他帮助，一定得让他饿几次肚子才能记得住自己带午饭。"因为妈妈的目的是让孩子记住带午餐这件事，妈妈认定的事实是：如果孩子体验不到饿肚子的滋味，是不可能学会记住自己带午饭的。也就是俗语所说的，没有受到惩罚就不会长记性。

我们成年人也许可以据此更深刻地来理解这句话："最让人痛苦的并不是真正的现实，而是由人头脑中创造出来的现实。"其实如果能站到更高的角度看待事例中孩子的行为，就会发现孩子其实已经在这个自然的现实过程中获得了两项宝贵体验：一是自主解决问题的智慧：向他人求助；二是和老师之间情感的链接：老师（权威）是善良的，愿意帮忙的。这，其实才是孩子在"忘带午饭"的自然现实中获得的成长与意义。

在这里，我把这个事例举出来评论并不是要批评这位妈妈做法是错误的。恰恰相反，如果作为习惯培养案例来看这位妈妈的干预方法显然是成功的。但并不能把它归结到"自然后果法"上面去。其中的差异并不只是行为上的区别，而是作为教育引导者，在底层思维模式中对教育本质理解的区别，是培养与塑造，接纳与信任之间的区别。

真正的"自然后果法"其基础必须是接纳和信任，这才能让孩子从自然现实中获得体验，并从体验中得到成长。真正的"自然后果"也许能够起到让人意想不到的教育意义。但它不能作为教育手段来用，如果把它当作技巧性教育手段来使用，便违背了"自然后果法"的真实属性。换句话说"自然后果的果，是可遇而不可求的。"

更重要的是，当一个人无法分清楚什么是真正的自然后果，什么是人为设定的后果时，脑子里面往往充满着大量的限制性思维："只有这样才能那样，不可能、没办法、没想过……"这些所谓的自然后果，其实限制了孩子拓宽自己思维寻找解决问题的方式，把他们变成了只能严格按规则行事的人，看不到自己还有其他的选择。

而这其实正是很多成年人当下的状态。所有父母本质上都期待孩子能够成为一个思维开阔，有创意，能够积极主动寻找解决问题方式的人。但采用的教育手段往往与自己的期待是相悖的。错误的方式自然是得不到想要的结果，这就是养育孩子的"自然后果"，是父母需要承受的后果。

有人感慨：做父母真难，对待孩子好像这样做不对那样也有问题。都不知道到底怎么做才正确。

其实在养育孩子这件事上，很多时候我们对孩子做了什么说了什么都不是那么重要的，重要的是我们自己到底是怎样一个人，我们自己的内在状态是怎样的，我们能否对孩子这个生命体有着发自内心的信任，信任他们的内在智慧与向上的力量。如果有这样的信任那么养育孩子其实是件简单的事。如果没有，那么这便是我们作为父母修行的方向。

别和你的孩子做朋友

"别和你的孩子做朋友",看到这句话可能有人会觉得我是哗众取宠,有点儿跟所有人唱反调,博眼球的意思。怎么让别人不和自己的孩子做朋友呢?不是许多教育书籍上都说要和自己的孩子做朋友吗?怎么偏偏你要逆流而上,跟所有人作对呢?

关于父母和孩子之间的相处上,经常会听到这样的说法:"父母了解孩子最好的方式就是和孩子做朋友。""最好的父母就是能够和孩子做朋友的父母。"这样的态度表现出了父母的民主与开放,也体现着现代家长和传统家长在对待孩子观念上的变化。

只是当我们在强调"最好的父母就是和孩子做朋友的父母"时,这一"好父母"的标准是由谁确定的呢?我们是否考虑过:"和孩子成为朋友"是孩子的需要还是父母的需要?有没有考虑过孩子是不是想和你(父母)做朋友?这几个问题考量的是:当父母在为孩子做某些事的时候,考虑的是孩子,还是站在成年人的立场上以自己的需要和感觉出发的。

每个人都有自己的身份,每个身份都有不同的位置和职责,都有不同的权利和义务。当我们想要和孩子做朋友的时候,首先要想明白的问题就是:父母的职责是什么?朋友的意义又是什么?和自己的孩子做朋友,这意味着什么?你为什么会期望和孩子做朋友?

父母的职责是什么?

父母除了要承担起照顾抚育孩子的职责,满足孩子成长所需的基本物质条件,提供心理支持、精神支持以外,父母的另一个重要功能就是引领。引领包括帮助孩子发展社会适应能力，让孩子可以更好地适应这个社会的规则与秩序。比如说送孩子上学，就是帮助孩子发展社会能力的常规方式。父母在引领孩子社会化的过程中必然会有些限制和要求，甚至是批评。这些过程可能会让孩子有不愉快，还会有伤心、失望、难过等很多的负面感受。虽然父母主观上都不希望孩子不愉快，但我们要认识到，有些负面感受是孩子在成长过程中所无法避免的。是一定要去经历并面对的，也是孩子必须要感受和体验的过程，这是一个人进入社会生活中所不可缺少的一步，是不能回避的。

在健康的家庭中，父亲母亲和孩子一定是各司其职的。父母在父母的位置上，孩子在孩子的位置上，孩子的安全感和幸福感也由此而生。

父母"成为孩子的朋友"其实并不利于孩子的成长。虽然这听起来有点儿不可接受，但这却是事实。

因为孩子和父母做朋友，从根本上来说，这不会是孩子真正的需要。父母和朋友是完全不同的两种身份。"做孩子朋友"的父母可能会在无形之中将父母角色中的责任部分消减，并将很难以父母的身份推动孩子的社会化。

甚至可能会以爱为名窥视孩子的秘密，入侵孩子的世界，这些都不会让孩子感觉更自由更亲切，相反可能会让孩子感受到不安全与恐慌。虽然孩子喜欢也渴望能和父母之间进行平等交流，但这并不等于他希望和父母成为朋友。

他需要父母在父母的位置上。

他需要通过父母了解社会规则，知道什么是被禁止的，什么是被允许的。什么是被抵制的，什么是被鼓励的，这些会带给孩子确定的安全感。会带给孩子确定的界限，只有在这样稳定而明确的基础上，孩子才能开始自己的成长，即社会能力的发展。

那么对于孩子来说，朋友是什么？不同的孩子也许会有不同的理解和需要。对于孩子来说：朋友可以是陪伴，可以是分享，可以是关心，可以是帮助……朋友可以是千人千面，朋友也可以是独一无二，朋友不是一个具体的称谓，而是一种无形的角色。每个孩子对朋友的理解和感受也不尽相同。

对朋友的理解所有的孩子也有相通的地方，那就是：对于孩子来说，朋友一定存在于同龄人群体中，一定会有大致相同的成长历程和感同身受的成长规律。

对于孩子来说，父母永远无法替代朋友，也无法成为孩子真正的朋友。
因为父母不是孩子的同龄人。孩子需要和同龄人在一起。当他和自己的同龄伙伴在一起的时候，他们有他们自己的交流方式，有他们压力释放的渠道和方式，他们有符合他们年龄段的感受与激情，也可能不是太理智，考虑得不会太周全，却能真实地反映出他们内心的情感，宣泄出他们真实的想法。

很多时候，孩子从父母那儿所体验到的不愉快感受与压力，通过与同龄朋友在一起以交流、游戏的方式得到了释放与宣泄。在同龄人当中，孩子更能够找得到解决自己所遇到的问题最恰当的方式与启发，此外，孩子对自己的认识总是以他人为镜的，需要通过与他人进行比较，以此让他们得以意识到自己的形象并加以认识。

他们往往会以同龄人作为参照，吸收信息来确定自我形象。所以同龄朋友关系对于孩子来说是不可或缺的，是在孩子的成长发育过程中必要的存在。对于现在的孩子来说，父母们给予的关注是足够多的，但是给予他们和同龄人在一起相处的时间和机会却是欠缺的。高楼大厦禁锢住了现代孩子的脚步，各种课外的辅导班禁锢住了孩子们的时间，孩子没有机会也没有时间去和同龄人进行各种交流，于是很多孩子只能和自己的父母交流，和自己的父母玩耍。

有很多父母也许是真心愿意和孩子一起游戏的，但家长即使愿意和孩子一起玩耍，一起游戏，也无法真正像孩子一样投入并享受其中。对于家长来说游戏和玩耍都不是自己的需求，是在"陪孩子玩"。孩子也能意识到这是自己的需要，父母是在"陪自己"。

虽然父母希望孩子能对自己知无不言，言无不尽。但对于学龄的孩子来说，如果他没有自己的朋友，没有朋友可以分享自己的小秘密，要把所有的一切都和自己的父母分享，反而可能会是问题。所以父母需要的是去帮助孩子发展他的朋友关系，支持他有自己的秘密和小伙伴。让他们有相处的空间、机会和安全的环境。这些是父母的职责。

所有渴望和孩子做朋友的父母，其意识上是希望能和孩子建立更深的感情，更多的链接，更多地了解孩子，帮助孩子。然而我们要承认的是，身为父母不管你多努力都无法做到完全了解孩子。如果有哪个父母敢说完全懂自己的孩子，这一定是自以为是的父母。

从另一个层面来说，虽然父母无法彻底了解孩子，但这没有关系，因为父母不需要完全了解自己的孩子。

父母与孩子的关系原则就是：紧密不如深厚。父母和孩子有连接是好事，但如果这关系的纽带太过紧密却可能会成为束缚了孩子向外发展的绳索。更多家长都担心自己和孩子的关系不够亲近。其实现实中多数父母和孩子的关系往往都是"密度过高，深度不够"。

"关系的紧密不如深厚重要。"孩子年龄越大这条原则就越适用。

孩子越小，则是相反，因为先要有密度，然后才能发展深度。

我们和孩子的关系要从一开始的紧密到不断地向深度发展，才是理想状态。父母并不需要对孩子了解得细致入微，无一不知，而是只要在深层次的基础上有了解和连接，同时尽可能地支持孩子向远处发展就够了。只要和孩子在情感深处是有连接的，不管孩子走出多远，都不必担心和孩子断了连接，都不必担心和孩子淡了关系。

作为父母，我们需要认识自己的角色位置，看到自己的责任。要知道如果你选择减弱自己的角色存在感，必然也会降低你身份的影响力。父母无法和孩子成为真正的朋友，也不需要成为孩子的朋友。做孩子的引领者和指导者才是父母的重要责任。让孩子去发展他需要发展的能力，让父母去承担父母需要承担的责任，让家庭中的各个成员各司其职，发挥出自己应有的力量。让孩子做孩子，让父母成为父母，才能构建出最和谐稳定运行良好的家庭关系。别和你的孩子做朋友，因为你的角色责任要比"朋友"复杂得多，也重要得多。

孩子与交朋友

大多父母心里都有隐隐的期待：自己的孩子被所有人喜爱。于是，自己的孩子能否拥有足够多关系密切的朋友，便成了衡量他们是否受欢迎的标准。

科学养育理论认为："没有良好朋友关系的孩子则容易以自我为中心，缺乏理解能力和合作能力。"通过与朋友的交流开始学会考虑他人的感受，能够提高与人合作的能力，增加孩子的理解能力，更能顾及身边人的感受。交朋友对于发展孩子的社会性、认知、语言、运动各方面都有积极的意义。不会交朋友的孩子在社会性的发展，语言认知发展能力上都要落后于会交朋友的孩子。

所有关心孩子成长的父母都重视孩子的社交能力。但到底是一个孩子因为交了朋友而学会考虑他人感受，提高合作能力，还是说能考虑他人感受和有一定合作能力的孩子才会交朋友？因果顺序不能弄反了。其实任何孩子的第一个朋友都是父母。孩子也都是先在家庭与父母的互动中，发展出一定的合作能力和同理他人感受的能力，才能够发展出对外的社交能力来交朋友的。

除此之外，也要考虑到每个孩子的个性特点。要理解孩子的社交需求是因人而异的。并不是每个孩子都希望有很多朋友。父母需要尊重孩子的个性。要了解自己的孩子属于哪一类型。有的孩子的个性就属于善于交际型，性格特别的开朗、大方，能够和任何类型的小朋友打成一片。有的孩子可能属于慢热型，只喜欢与某些熟悉的人交往。更有些孩子喜欢一个人玩，偶尔才会参与到群体活动中去。

以前在幼儿园曾注意到有个孩子喜欢一个人在一边玩，每次老师都会过来提醒他，让他去和小朋友一起玩。有一次在接孩子的时候遇见这位妈妈，她见到自己的孩子一个人在一旁堆积木，用温和的语气对孩子说：一个人玩有什么意思，快过去和大家一起玩呀。"孩子看起来并不情愿……孩子的妈妈也曾特别向老师强调过，孩子个性有些内向，所以希望老师平常要多提醒孩子，别让他一个人待着，让他和其他孩子一起去玩。并表示自己送他上幼儿园就是因为家里没有同伴和他玩，希望让他学会交朋友。老师也十分认同并配合家长的期待：是的，孩子的确是需要多与同伴交流。

但在我看来，老师和家长对孩子所做的，与其说是关心与帮助，不如说是打扰。

在很多成年人眼里看来交朋友很重要，孩子一个人玩是不好的，孩子必须是和其他小朋友成群地在一起玩耍才是正常的，否则长大以后性格孤僻，影响以后的成长就糟糕了。

其实父母和老师看到的只是这个孩子喜欢一个人玩。为了让孩子交朋友所做的是不让他一个人玩，强行把孩子推入群体，却没有谁去了解孩子的真实想法。当他们只看到"一个人玩"的情形，就陷入"一个人会孤独"的思维模式中。

从现实主义角度来说，我们所发展的任何一种外在行为模式，最终的目的一定是有利于自己成长的。交朋友的最终目的依然是促进自己更好地成长。每个孩子的个性不同，对于外界环境的需求也不一样。对于有的孩子来说，他对伙伴关系的需求没有那么强烈，对独处的需求更多。他能够从独处中获得更多的成长……

所以身为父母的我们一定要去了解自己的孩子的真实需要是什么，而不能只是站在自己的角度，去要求孩子应该这样，不应该那样。强行地把我们的评判标准，硬套在孩子的身上。

交朋友这件事情往深了说其实并不是最重要的，对于一个人来说最重要的朋友，其实是自己。如果一个人不能和自己做朋友，即使他的朋友遍天下，也只是表面的绚丽，他的内心一定是孤单的。如果一个人能和自己做朋友，即使他没有朋友也不会孤独，内心也会是充实的。

因为一个人只有在独处时，才最像他自己，一个人只有在独处时，才能丢掉一切外界的牵绊，展露出那个真正的自己。

我从来没有在孩子交友这个问题上有过焦虑。即使孩子并不是一个特别善于融入群体的孩子，这在我看来并没有那么重要。因为我自己从小便是成年人口中的那种不怎么合群的孩子。"不合群"这个标签曾经给我的童年带来了强烈羞耻感。从内心来说我是特别能享受独处的人。我自己独处的时候，从来不觉得孤独、寂寞、冷。就如周国平老师所形容的那般：天生不适宜交际。多数场合上我不是觉得别人乏味，就是害怕别人觉得自己乏味。唯有独处时最轻松。但这丝毫不影响我成年之后与他人的交流与相处。

对于成年人来说，远离没有意义的消耗才能够获得一份纯粹的自在。一个人真正的成长也必定是在独处时发生的，只有充分体验独处的美妙才能够真正让人的生命丰富饱满起来。

也许现代育儿理论强调交朋友这件事的重要性，其主要意义是在于提醒那些曾经只看中孩子学习成绩分数，完全不重视孩子社交这回事的父母，让他们意识到社交对于孩子的成长有哪些影响。只是现在父母对于孩子成长中所发生的点点滴滴的关注度表现得有些小题大做，过犹不及。好像只要是有利于孩子成长，每一步对于父母来说都是关键点，都不敢错过。其实大可不必这样。放轻松一点儿，多给孩子几份信任，他们自然会成长出自己该有的样子。希望孩子能够大方地融入群体，也必须要建立在尊重孩子个性特质的基础上，建立在尊重孩子的主体意愿的基础上。

孩子如果喜欢去交朋友，那就大大方方地鼓励他，帮助他，支持他。如果孩子不喜欢一群人聚在一起的热闹，只愿意自己自由自在地度过自己的时间，也不必大惊小怪，孤独的孩子不代表不会与人合作，更不代表他将来难以适应社会。

所以，只要孩子能够相信，无论何时父母都会是自己最可依赖的人，只要作为父母的我们不给喜欢独处的孩子贴上负面的标签，尊重孩子选择朋友的意愿，尊重他们的独特性，让孩子能在被充分理解的环境中成长，他们自然能够心理健康地成长。喜欢独处的孩子也许更容易具备强大的精神内核和内心世界，长大以后也必然能够找到适合自己的与社会、他人去连接的方式。

给阅读降温

陪孩子上兴趣班的时候,在绘本馆不经意间听到了两位妈妈关于孩子阅读绘本的讨论。

A妈妈语气带着焦虑在诉说:"我每天的工作很忙,下班回来都没有多少时间陪孩子阅读,每天回来要做饭做家务,没时间陪孩子阅读,就让爸爸陪孩子阅读,读着读着爸爸却睡着了,想起就生气,哎!"B妈妈回应说:"就算是再忙再累也要抽时间陪孩子读绘本,阅读是非常非常重要的。"然后说了许多许多关于阅读有多重要的道理。听得A妈妈不住地点头赞同。点着头嘴里还不停地说:"对对对,确实得发动爸爸多陪孩子阅读绘本。"

诚然,阅读有许多许多的益处,也被无数人无数遍地强调过了。阅读给人类生活带来了许许多多的发展,这是事实。并且这些年通过社会各界媒体学者们的大力宣传,人们对阅读的理解已经有了飞速的发展和认识。相对于以前的,以考试分数为唯一标准的衡量指标,把课外阅读视作不务正业的态度,现在的父母对孩子阅读的重视已经有了翻天覆地的变化。

现在已经没有哪个家长会认为阅读不重要了。更不再可能会有父母用这些话来责备、恐吓孩子:"再不好好学习,我把那些乱七八糟的闲书都给你烧了。""不好好对着课本用功,天天看那些乱七八糟的闲书有什么用?能让你考试考得更好吗"?

看着眼前的时代,想想过去的样子。
顿时感觉现实好似摇动的挂钟,从左边猛然摆动到了右边。
这样的声音现在已经没有了,但现在父母们焦虑的观点却反过来了。

"怎样高效地陪伴性的阅读""如何让孩子爱上阅读"成了现代父母关注的焦点,也成了一些父母焦虑的源头。

市面上也如雨后春笋般地衍生出了许多绘本馆，阅读馆，读书室，共读会……这些林林总总，良莠不齐的培养阅读的场所，把陪伴性阅读推上了前所未有的高度。每个家长似乎不在这些商业场所里办张卡，不陪着孩子进行高效阅读，就不配做合格的家长，就是让孩子输在了起跑线上一样。

如此，家长们更焦虑了。

毕竟有的孩子本身不爱阅读，有的家长本身也不爱阅读，更多的家长也没有那么多的时间和精力陪着孩子阅读。

阅读是好事，阅读有益处，但如果阅读这件事本身成了父母和孩子更大的烦恼和焦虑的来源时，我们也许应该冷静下来，想一想：不阅读？又会怎样呢？

我想起曾经有张在网络上非常火非常火的照片。图片上还是两个妈妈，他们分别带着自己的两个孩子乘坐地铁，相邻而坐。
左边的妈妈带着孩子看书。
右边的妈妈则是把手机交给了孩子。
很多网友纷纷据此图发表了对孩子教育的看法，自媒体也趁热度刷出了一篇篇热文，这个话题的热度迅速地往上涨。

"为什么孩子长大以后差距那么大？"
"因为父母的格局决定了孩子最终能飞得多么远，多么高。"
"父母对子女教育的重视程度，决定了孩子们未来学习的成长道路，更决定了子女未来的人生轨迹。"

一时间这种种话题，铺天盖地，令人窒息。
似乎看书阅读的孩子，前程光明，无比幸福；而看手机的孩子，前途黯淡，未来无光。

真的是这样吗？

父母鼓励并培养孩子的阅读习惯，重视对孩子的教育影响力是好事。
但是就这样的一个场景，一张图片又能说明得了什么呢？

图中玩手机的孩子，一定不如阅读的孩子以后有前途？和孩子一起玩手机的妈妈，一定不如带孩子阅读的妈妈，更会做家长，更会教育孩子？

用王人平老师的话来说："收起我们无知的傲慢和偏见吧。"
教育固然重要，但一个有知识的人如果缺少尊重和善意，可能对社会对教育的危害会更大。

不同的人生是与教育有关，但更与他的出身、机会、环境、自身的努力关系更大。每一种人生都值得尊重。每一种从孩子的角度出发的教育方式都值得赞赏。每一个人背后的艰辛和努力，每一个人命运的选择和取舍，每个孩子未来的可能性，都不是外人可以轻易评价与判断的。看书阅读或者从手机获得信息都是一种获得知识的方式，并没有高低贵贱之分。

阅读是为了获取基础信息，学习知识，但对于现代社会来说，学习知识，获取信息的方式并不是只有阅读。作为父母不必以别人的标准来衡量和要求你的孩子。也不必要按某个标准来纠正和塑造你的孩子，同样也无需按别人的标准来评判自己身为父母是否合格。

绘本阅读是陪伴孩子的一种方式。
画画写字也是陪伴孩子的一种方法。
和孩子一起听一首歌，一起跳一段舞。
带孩子亲近一下大自然，看看花开，听听潮落。看看白云，听听流水，同样是陪伴，孩子同样能从中受益。

我们经常会把孩子比作花朵，每一个孩子都是一朵花。不同的花种植方式是不一样的。有的花喜欢多浇水。有的花喜欢多施肥，有的花喜欢多晒太阳，有的花喜欢多多的阴凉。而只要花期一到，每一朵鲜花都可以开出灿烂的花朵，种植的方式不一样，又有什么关系呢？

而只要找到正确的教育方式，每个孩子都是一个独特的个体，给每个孩子因材施教，才是教育的本质。

重视孩子的阅读习惯，带领孩子去阅读是好事，但不喜欢阅读的孩子强迫他去阅读，徒增家长和孩子的焦虑与烦恼，又是何必呢？

只要能给孩子用心的陪伴，就算是和孩子玩游戏也是好的，在游戏中孩子同样可以获得知识和力量。

阅读是我们学习成长的一种方式，一种途径。不爱阅读的孩子并不代表他不爱学习，也并不代表他不会很好的成长。家长不陪着孩子去阅读，也并不是失职。

书面阅读再精彩，也不可能比人的生命本身，比真实的生活更加丰富多彩，只要不停下继续探索和学习的脚步，选用哪种方式并没有那么重要。找到自己和孩子的共同喜爱，共同适应的教育方式，比随波逐流式的教育更有用，多倾听孩子和自己心灵的声音，才是生活最美好的样子。

叛逆的青春期

青春，这个词一听似乎就有一种蓬勃向上的生命力。就有一种绿色的气息，就能让人想到欣欣向荣，前程远大的未来。青春期就是孩子们生理发育过程中的关键时期。他充满了朝气，充满了力量，充满了希望，是那么地生机勃勃，让人心生欢喜。他是继婴儿期之后，孩子生长发育最快的时期。也是孩子从儿童成长为成年人的过渡期。但是在教育领域，却是一个让父母感到头疼的时期。

说到青春期的孩子，很多父母第一印象就是"叛逆"。"青春叛逆期"这个概念不知道什么时候开始就出现了。很多家长感慨："孩子到了青春叛逆期，真的太难教育了。你指东他偏往西；不喜欢他做什么，他偏偏要做什么；逮着机会，就要跟父母顶撞几句"；还有的孩子是完全不与父母交流，回到家里房门紧闭沉默不语……做父母的这时候是骂不敢骂，打更不敢打。似乎怎么做都不对，怎么做都不行。

因为最害怕两点：一是离家出走，二是想不开，万一……后果不堪设想，代价不能承受。

心理学家曾奇峰说过，他并不认同青春叛逆期这个概念。他认为没有叛逆的孩子，只有叛逆的父母，也并不认为有什么"青春叛逆期"。
而所谓的，孩子的"青春叛逆期"，大多源自于两种可能。

第一是父母对孩子不了解。
青春期孩子最显著的特点就是有了更强的独立性。这是大脑成长变化的结果。进入青春期之后，孩子的自我意识有了飞跃发展，他们的内心世界越来越丰富。他们对于任何事件都喜欢自己进行分析和判断，不愿意接受现有的观念和规范。他们追求独立的愿望十分强烈，对父母的干涉和控制非常敏感。他们容易感到别人似乎总是用挑剔的态度对待自己，觉得周围人时刻都在评价他们，这种想法使他们感到压抑孤独又敏感，却又得不到父母的理解。

于是在情绪上便表现得与父母相对立，被视为叛逆。不同的父母，面对孩子的相同行为也会给出不一样的理解，从而做出不同的反应。

面对孩子的叛逆，父母首先需要的就是正确理解孩子的叛逆行为。当孩子咄咄逼人的时候，如果我们觉得他们的无礼反叛是在向我们施压，那只会使他们更加盛气凌人，或者与我们疏远。

不要把他们的态度当作对我们的威胁与攻击。要把孩子的态度当作是信任，勇气和真诚的表达。

因为孩子所表现出来的攻击性，很多时候都只是一种自我保护的反应。如果我们能对他们的行为进行积极认真的解读，就能把冲突变为合作。孩子所表达出来的独立自主的愿望是他们健康成长的标志，并不是故意要叛逆，要反抗我们。所谓叛逆，其实是孩子想按自己的意愿去行动。也是他们在应对自己内在成长挑战时的表达。不做深入思考便把孩子不合自己心意的行为定义为叛逆的家长，其实是想利用自己的身份优势压制孩子的独立意志。虽然有些家长不会这样认为。

第二是父母对孩子长期以来的不恰当养育模式激发出的所谓"叛逆"。

既然不承认青春叛逆期，那孩子的叛逆行为为什么会集中出现在青春期呢？孩子一直在不断成长，到了青春期，他们的知识增长了，内心世界更丰富了，外在生存能力和内心力量都有了大幅度的提高，独立意识不断增加，并且形成了自己初步的价值观。只是他们的价值观也许与父母的不同，所以当他们的很多想法和需要遭到了父母强烈反对时，便开始展示出自己的力量并与之对抗。于是便出现了父母们谈之色变的"青春叛逆期"。

那如果我们探究一下，在叛逆背后，孩子的真正诉求是什么呢？

他们是在用叛逆的方式向父母宣告自己的主张，想要摆脱家长对自己精神上的束缚，让自己以独立人格的面貌出现，希望自己的独特自我得到尊重和接纳。可以说，青春期孩子的叛逆是一个信号，这个信号是在说：孩子在长大，身为父母的我们与孩子的相处方式和态度需要有变化。没有人愿意总是按别人的指导或意见行事，即使这些指导和意见是绝对正确的，都会激活孩子的叛逆心理。虽然我们嘴上说着希望孩子长大了能独立自主，但在亲子关系中，要是孩子展现出独立的意愿，我们也许会觉得自己作为父母的权威受到了挑战。觉得这是孩子的一种挑衅行为。

所以我们需要时刻提醒自己：当孩子在和我们对着干的时候，是在告诉我们该放手。

当孩子不听我们话的时候，是在告诉我们该去聆听孩子。

当孩子反抗我们的时候，是在告诉我们该去欣赏孩子敢于展现自己个性的勇气。

对于那些不愿意成长自己，不愿改变自己教养方式的父母，他们不愿去读懂孩子叛逆背后的诉求，不去理解孩子成长发展的规律，看不到问题背后我们有哪些该修的成长课题，就用"青春叛逆期"这个武断的标签，把问题的存在都合理化了。然后选择彼此安慰："没事，孩子都这样，过了这个时期就好了……"而正因为这样做，他们的孩子也许会在叛逆的道路上越走越远……

对于愿意学习和改变的父母来说，他们并不害怕孩子的叛逆，也不会把叛逆视为是坏的东西。因为他们能看到孩子的叛逆是拥有健康心智和勇气的标志，也是作为父母修正与成长的契机。这预示着孩子有了自我的独立意识，有了的独立的人格，担起了自我管理的担子。我们作为家长看到这些应该更为其欣慰和高兴。欣慰于孩子的成长，高兴于孩子的自我意识的觉醒。

青少年叛逆，其实是因为父母在反抗着他们的孩子日益增强的独立自主意识。孩子只是在做着他们应该做的事情。只是父母一直认识不到这一点，或者是不能接受孩子的变化，而给孩子强行贴上青春叛逆期的标签。正好印证了曾奇峰老师的那句话："没有叛逆的孩子，只有叛逆的父母"。

孩子的情商

情商，可以说是现代教育领域比较流行的一个概念。评价一个孩子优秀不优秀，经常用一句双商高来概括。家长们于是开始前所未有地关注孩子的双商培养。各种各样高情商培养课程也层出不穷。现代人认为，情商是开启心智的钥匙，一个人在社会上要取得成功，主要起作用的不是智力而是他们的情绪智力，所以，情商是孩子未来成功的关键因素。

父母们重视孩子的情商发展也就是理所当然的了。

在谈论情商前，首先我们需要了解情商的定义是什么。它的全名是情绪商数，可以理解为调节自己情绪状态并与人和睦相处的能力。

有心理学家从这样 5 个方面来定义情商：了解自己的情绪，管理自己的情绪，运用情绪，产生做事情的动力，认识并理解他人的情绪，把握人际关系，是为情商也。

所以，情绪管理能力是情商的核心。好的情绪管理能力是一方面要认清楚自己的情绪，不会被自己的情绪所左右，从而让情绪指导行为。另一方面要敏锐地感知觉察别人的情绪。这是对成年人而言的情绪管理能力。对于成年人来说高情商，也就是既能够关照好自己，又能够体谅他人。可能更多地体现在与外部世界的关系上，也就是正确感知他人情绪的能力。

但考虑别人的感受并不同于以别人的感受为中心。虽然从外在表现上会有相似之处。真正高情商的成年人是既能够以自己的感受为中心有稳固的自我，同时也能考虑到别人的感受。相反，以别人的感受为中心的情商往往是放弃自我而迎合他人的。在某些情况下，迎合讨好、溜须拍马这也算是成年人情商的一种，但算不上是高情商。

对于孩子来说，他们情商的发展是一个慢慢积累并内化的过程。孩子在与父母的相处中，通过观察父母的一举一动，观察他们的情绪变化。从父母的言谈举止中去学习和模仿如何与别人交往，通过体验父母对待自己的方式，发展出自己对待他人的方式……这些体验就是孩子发展情商的学习范本，这也是他们最初意识中世界的模样。

孩子最开始看到父母温柔的笑脸时，判断出对方是高兴的，看到父母严肃的眼神，了解到那是生气了……他们通过观察父母的面部表情，来辨识他们的情绪。并对这些情绪作出反应。这也是他们情绪发展的第一步。孩子是通过自己的养育者来探索世界的。也是通过学习对方的情绪表达方式来表达情绪，来理解这个世界喜怒哀乐的。

所以孩子最初的亲密养育者是他们最初的情绪启蒙老师。因为孩子是通过自己被对待的体验，发展出如何对待他人的经验。

所以，家庭生活的体验对孩子情感发展有着至关重要的影响。

如果父母在孩子面前动不动就勃然大怒，是很难养育出有很好情绪管理能力的孩子。如果父母不能够同理孩子的情绪感受，孩子也将难以学会什么是同理心，什么叫同理他人感受。如果父母对待孩子是冷漠的，那么在孩子的内心世界中便会认为世界是冷漠的。

如果父母不能真正关注、关心孩子的情绪感受，孩子也不可能学会正确理解他人的情绪感受。

如果父母能够通过孩子发出的信号理解他的需求，孩子也将学会如何去理解别人的情绪信号。

如果父母能够感知觉察孩子的情绪，理解孩子的情绪，孩子也会由此学会觉察自己情绪，理解自己情绪。如果父母能够同理孩子的情绪，孩子也将学会什么是同理他人的情绪。

衡量一个孩子情商高低与成年人的标准是不同的。一个高情商的孩子有三个衡量标准：1. 能够了解自己的情绪。2. 会用恰当的方式表达自己的情绪。

3. 能够同理他人的感受。

对于成长中的孩子来说，他们的首要任务是发展自我，丰富自己的内心。

作为父母的成年人是先需要和孩子一起关注他们自身的情绪，把同理他人的感受放在后面。

也许孩子的有些行为在我们成年人看来是以自我为中心的表现，但对于孩子来说却是合理的，尤其是对于低年龄段的孩子。

对于孩子来说，他们的喜怒哀乐等情绪体验都是毫无掩饰的，在他们没有更多表达感受的技巧之前，会用哭闹发脾气等方式来表达自己的负面感受，也许这些情绪发泄方式是为我们所不能接纳的，在我们认为是不好的，其实这对于孩子来说却并非是坏事，这是他们情绪发展的必经过程。他们对情绪的识别与情绪表达在不断发展变化中。在这个过程中需要养育者帮助孩子去接纳他们的情绪，理解他们的情绪，然后用行动来示范让孩子知道该如何恰当地表达情绪。

如果把孩子的情商高理解为不哭不闹，不发脾气，讨他人喜欢，顺从父母，从不顶嘴，乐于接受批评……这其实是对孩子情商的天大误解。

比如说在父母阴晴不定，时好时坏的情绪中忐忑生活的孩子，他们的父母不高兴的时候，可能会因为一点点小事对孩子大发雷霆，高兴的时候则可能会毫无原则地对他们有求必应。在这样反复无常的家庭环境中，孩子也许会极为敏感，会时刻关注着父母的脸色。

在这个察言观色的过程中，孩子学会了什么时候该放低姿态讨好父母，什么时候可以肆无忌惮地提出要求。甚至在对方还没有开口之前，就能领会到对方的用意……这算不算是孩子的高情商。这样的孩子小小的年纪学会的却是察言观色，没有童真更是一种悲哀。

这只是孩子的生存策略。这样的生存策略是孩子以丧失自我发展去迎合家长获取成长资源的。不要把孩子的察言观色当高情商，这对于他们来说是可悲的。对于家长来说是失职的。

身边有这样一个十来岁孩子，是很多人口口相赞的高情商孩子：爸爸因为工作在外地，长时间家里就只有妈妈和他。妈妈因为工作很忙很辛苦，孩子便表现得十分体贴：帮助妈妈准备早餐，收拾家务。不仅如此，还会在妈妈心情不佳的时候充当一个体贴的小暖男，会倾听妈妈的情绪，安慰妈妈……其实这样的孩子已经不再是孩子了。他顶替了爸爸的缺席，给妈妈提供了作为妈妈伴侣的爸爸所不能提供的东西：陪伴，生活上的照顾，倾听，安慰……也许正是由于当他这么做的时候，获得了正面的鼓励，孩子一步步被无意识地操纵成了妈妈的"伴侣"，而这一切都是在所有人毫无意识的情形下发生着的……

更值得警觉的是，这孩子的成长或许已经开始扭曲，因为妈妈的需要已经占据了他的中心位置，他的自我发展被放在了后面。不可否认，这样的孩子情商高不高无法判断，但的确是懂事的。这样的懂事不应该是成年人所推崇的，这样的懂事，更不该是让孩子去仿效的高情商。这不过是一个过早注重他人感受，而忽视了自身的意愿，从而丧失了孩子该有的放肆与任性的儿童。与成年人一样的成熟与稳重让他牺牲了童年任性的权利，泯灭了天真的童心。这不值得夸耀，也不值得羡慕。过早成熟的种子，可能需要付出过早凋零的代价，少年老成对孩子并不有益，因为这是孩子不得不放弃一些东西而换取来的。放弃的可能是童真，可能是幸福的童年。"少年老成"的孩子其实是可怜的。

当一个孩子能够安心地做孩子。等他长大的时候，才能够成为一个真正的成年人。而我们的现实可能更多的是：在孩子是一个孩子的时候，希望他们能懂得更多一点儿，成长得更快一点儿，把孩子当成年人一样的去要求。等孩子成了一个真正的成年人之后，反而又把他们当孩子般地体贴照顾……颠倒的世界也就由此构成。

我们不要轻易地以外在行为去给孩子贴上高情商或者低情商的标签。更多时候，我们以为的某个孩子情商低或是情商高，都不是事实。你以为你的孩子情商低，可能他只是不愿意理解你。因为他从来没有获得过你的理解，他在用你对待他的方式来对待你。换句话说他只是在你面前情商低，对于他愿意去理解的人，情商自然会高。我们以为情商高的孩子，也有可能只是他在迎合讨好你，来从你这里获取他想要的。任何时候，也都别轻易地以外在表现来做判断：他是什么样的孩子。

　　了解一个孩子并不是那么容易，并不只是用眼睛看就能理解，而是要用心去感受。我们的眼睛可以看到的是"他在做什么，他做了什么。"但我们真正需要用心去了解的是"他为什么这么做"孩子需要学习如何处理与他人的关系，与他人对话。但他们更需要学习的是如何与自己对话，倾听自己内心的声音，发展丰富自己的内心。

　　倾听孩子是父母该做的，而不是把孩子养成小大人，让孩子做我们的父母，来倾听，照顾，理解我们……作为父母我们要想成就孩子的高情商，该做的就是去理解孩子，给他们的现实生活和精神生活提供各种必要的条件，让他们有一个能够安心发展自我的环境，去认识自己，学习处理与自己内在的关系。当孩子能够处理好与自己的关系，关系处理能力自然会延伸至与他人的关系，与外界的关系。

　　所有外部关系都是一个人与自己内在关系的投射。不必去刻意培养情商，实际上情商也是无法培养的。只要孩子是一个与自己内在关系和谐的人，情商自然不会低。如果他不能很好地理解自己的感觉，情商自然也高不起来。

延迟满足与耐心

耐心在现代来说是优秀的人所必须具备的品质。我们也都希望自己的孩子能具有耐心的好品质。开始谈耐心前让我们先提出一个问题：有没有父母会要求三个月的小宝宝下地自己学走路的？估计所有人都会认为这个问题很荒谬，相信世上不可能会有这样愚蠢的父母。因为这有悖于基本的生理常识。是的，我也相信没有父母会对三个月的宝宝提出这样的要求，有这样的期待。为什么呢？因为正常成年人都了解孩子学会走路所需要的时间和过程。我们都知道，小婴儿需要先学翻身，再学习爬行，学习站立，然后才能开始学习行走。

这就是：因为了解，所以有耐心。

父母因为了解孩子的成长规律，知道只要给予时间，孩子必然将学会独立行走，就能耐心地顺应自然规律，去做最有效率的努力。便不可能会遇到前面所提出的荒谬问题。

所以，耐心的基础就是了解与信任。

当我们对事物的基本发展规律有足够的了解，并且能够信任后面的结果时每个人都会是充满耐心的。所谓缺乏耐心的人，或许是因为对事物的规律缺乏了解所以无法真正地去信任，对事物的结果缺乏积极的预判，所以不愿意去等待。

因此，耐心一定是和了解、信任联系在一起的，没有了解与信任也就无法有耐心。

而耐心的本质，其实就是：延迟满足。

什么是延迟满足？所谓延迟满足是指：愿意放弃即时满足的选择取向，去等待一种更有价值的长远结果。缺乏耐心的人，想要的就是即刻可以得到的现实好处。

许多家长会要求孩子在生活中要有耐心，却也愿意坦诚自己是一个没耐心的人。但如果没有父母的榜样示范，孩子的耐心是无法凭空发展出来的。

比如，当孩子哭闹的时候，家长是打他一巴掌呵斥他不许哭，还是去理解他哭闹背后的原因？是选择获得即时的情绪发泄快感，还是耐心地用更智慧的方式面对孩子的情绪？

父母对待孩子耐心的态度便是让孩子接受延时满足的示范榜样。

耐心虽然很多时候需要父母能够克制住自己本能的情绪反应，但它是能从根源上解决问题的处事态度。

延迟满足的概念经常会在教育相关的文章中看到，也得到了很多家长的广泛认同和支持。

这个概念来自于一个著名的实验，名字叫："棉花糖实验"。

实验的方式是：实验人员把一颗棉花糖放在一群孩子面前，告诉小朋友们如果能坚持15分钟不吃，就能得到第二块棉花糖，然后工作人员离开，让小朋友们单独待在房间里。

有的小朋友忍住了，得到了第2块棉花糖，有的没有忍住，只吃到了一块棉花糖。

后来团队对这些孩子进行了持续追踪，发现小时候越能忍住不吃棉花糖的孩子，将来都有了更好的人生表现：能够抗拒诱惑。

接受延迟满足的孩子，在长大进入青春期之后，和那些无法抵御诱惑，选择即刻满足的孩子在社交能力，情感表达，个人发展上都有明显差异。

有延迟满足能力的孩子有更强的社会竞争力，头脑清晰，自信，善于把握大局，能够很好地应对生活中的挫折，将来更容易获得社会上的成功。

选择即时满足的孩子相对来说会比较害羞，遇到挫折时容易自我否定，缺乏自控能力，将来在社会上的适应能力匮乏，往往很难取得事业上的成功。

这个实验的结果让很多人得出结论：延迟满足是相当重要的能力，是孩子必须获得的一种品质。所以父母需要从小对孩子进行延迟满足的训练。这样他们将来会更容易获得成功，拥有更精彩的人生。这样的结论有问题吗？确实有问题。犯了因果倒置的错误。

因果倒置是一种在相对确定的条件下把原因和结果相互颠倒，视结果为原因和视原因为结果而引起的谬误。

如：一位妈妈决定要送她数学成绩很糟糕的孩子去学奥数。理由是据她了解，那些学过奥数的孩子数学成绩都很优秀，她想孩子数学成绩能够得到提升，所以也想让孩子去学奥数。这位妈妈便是根据结果作出推论，而没有去思考前因：那些数学成绩优秀的孩子，是通过学习奥数提升了数学成绩？还是因为本身他们就已经具有了良好的数学思维特质，所以有优秀的数学成绩，并通过学习奥数获得了更大的提升？事实其实是后者。

棉花糖实验是一个很有价值的实验，但是它的价值并不在于它的结论。而在于推动我们去追踪思考：那些接受被延迟满足的孩子是如何愿意被延迟满足的？是什么样的内心驱动力让他们能够具有等待的耐心能力，是什么样的成长环境养育出了这样的孩子？

很遗憾，实验者并没有去追踪这些更深层的原因，所以我们无法得知那些孩子更多的情况。但可以肯定的是：延迟满足能力不是能够被训练出来的。如同耐心是无法被培养出来一样。

来看看训练出来的延时满足会是什么样：有一个孩子很喜欢吃巧克力，但家长和他约定每天只能吃一块，如果某一天不吃，第二天就可以吃三块。且要求孩子吃的时候细细品尝。

在这样的规则下，偶尔孩子也会选择某天不吃，第二天吃三块。家长内心窃喜，以为自己成功教育孩子获得了延迟满足能力。但后来的某天家长发现，孩子对于渴望吃到巧克力的欲望有增无减：只要有机会在其他地方得到巧克力，孩子就像饿狼一样，毫无节制，而且还会利用机会想尽办法去获得巧克力。

延迟满足并没有让孩子变得更有自控力。

为什么？因为欲望只有在被充分满足过后才能被放下。

孩子对巧克力的渴望从来没有被真正满足过，而家长刻意地训练更加强化了孩子对巧克力的渴望。饥渴的孩子对任何微小的诱惑都没有抵御能力。要想孩子拥有延迟满足的能力，需要父母在生活中看到孩子的期待，尽量及时满足孩子。被更多满足的孩子就不会有饥渴的状态，面对外界的诱惑才会更有力量用智慧的方式去应对。

有一次在售卖玩偶的小摊前，有个孩子想要买玩偶，妈妈看了后对孩子说："这个网上有卖，比这便宜，我们去网上买更合算，要懂得延迟满足，知道吗？"看得出孩子并不乐意，但却没有力量反抗妈妈，只得选择了依从，眼神却还是舍不得从眼前的这个玩偶上面移开。让孩子被迫放弃自己的欲望能让孩子真正拥有延迟满足能力吗？

当我们在要求孩子延迟满足的时候，并没有把孩子当作是能够有自主意愿的人。孩子也没有根据自己的意愿做决定的机会，他们从中得到的经验只是服从，只是面对自己无法撼动的力量时的一种被迫认同。让孩子自己做选择，允许他做出在我们看来不够明智的选择，他才能从体验中获得经验，从而慢慢理解延迟、等待的意义。才能够获得这种品质，并从心底认可这种品质。只有做决定的主体是孩子，是孩子自己选择延迟满足的时候，延迟满足才有意义，才能够帮助孩子发展出他的能力。

延迟满足的能力是被及时满足滋养出来的，而不是被训练出来的。让孩子自己做决定，足够的体验让孩子能够做出更有智慧的选择，从而主动选择耐心等待。对于孩子来说，只有他获得了足够多及时满足的体验之后，并能够相信、理解，克制眼前的欲望才能够获得之后更大的满足，他才能够把眼光投向更远的以后，从而实现父母所期待他获得的那些品质。

挫折教育是个坑

歌德有一句名言："斗争是掌握本领的学校，挫折是通向真理的桥梁。"这样的话也许能给困境中的成人以勇气与力量去面对生活中的挫折与磨难。

所以很多成年人认为在孩子的成长过程中对他们进行挫折教育是非常有必要的。

小时候的经历能够为以后带来经验。如果小时候没经受过挫折，那么长大后可能会因为一点小挫折而遭受打击，对人生失去信心。他们认为现在的孩子生活太幸福了，没有经历过风雨，所以也越来越脆弱。不顺心就哭闹、发脾气，经不起失败，害怕挑战……甚至会因为一次考试的失败，一次老师的批评而做出极端的事情，其原因都在于缺少挫折。简而言之，有些人认为现在的孩子在成长中太一帆风顺了。

有些人认为，要想孩子以后能成才，就要通过挫折教育帮助孩子培养出吃苦耐劳的精神，独立的意识，应对困难的勇气和心理承受能力。

其实，挫折教育是一个毒害孩子的概念。

"要让孩子的生活经受点儿挫折"这是一句废话。因为经受挫折是必然的。没有谁的生活可以不用承受挫折一直顺风顺水。生活从不缺少挫折，从人的出生就面临着挫折。首先，对于婴儿来说，从母亲温暖的子宫分离出来就是他面临的第一个挫折。出生之后，当母亲不能及时给婴儿喂奶，不能读懂婴儿的需求时，婴儿的每一声啼哭都在表明他体验的挫折。到再长大一点儿开始学习行走，学习自己吃饭穿衣，自己上卫生间。再到与家庭分离独自去幼儿园，上小学……这些成长的过程，挫折是一路相随的。

那些被挫折压倒的孩子，其实并不是他们经受的挫折太少所以脆弱。

原因恰恰相反，正是因为经受的挫折太多把他们挫垮了。所以即便是有挫折教育，挫折教育的首要任务也应是减少孩子的挫折感，而不是增加。更不能人为地制造挫折。

孩子所承受的挫折很多时候都是在家长老师看不见的地方。对于孩子来说想要的玩具得不到，考试没考好，和好朋友闹矛盾了，被老师批评了，都是他们所经受的挫折。只是很多家长，对孩子经受挫折的这些瞬间都是不以为然的："就这点儿小事算得上挫折？"而家长这种不理解的态度，让孩子体验到了更大的挫折。

更可怕的是很多父母还会借助孩子受挫的时机来进行"挫折教育"。

比如当孩子因为考试没考好被老师批评，情绪低落时，回到家里会被父母再教育一番："哭丧着脸干啥？老师批评你是为你好，自己该好好反思，看看哪些地方没学好……"说得头头是道。

当孩子和好朋友闹矛盾，回到家后和父母说起来，父母回应："和朋友相处应该要多谦让，大度一点儿，不要那么小气。"大义凛然，大道理张口就来。

其实，当一个孩子受挫的时候，最渴望的便是得到家长的倾听、理解。最不需要的就是批评、说教，甚至是指责。

让我们和孩子换位来思考，当我们自己遭受挫折、不顺利的时候，是希望亲爱的家人对我们一顿批评或说教？还是期待有人能够理解自己，倾听自己的感受？试想当你在外面工作了一天，被客户和老板一顿责难。回到家以后没有温暖的饭菜与摇曳的烛光，没有亲切的氛围与悠扬的音乐。有的是一顿批评与说教，疾风暴雨，劈头盖脸，不给你反驳与争辩的机会。我们的感受如何？你会因为这批评与说教而心生温暖？你会因为这批评与说教睡一个好觉，明天以抖擞的精神，神采奕奕地走入你的工作中？

将心比心，所以，当孩子遭遇到不顺时，父母的回应方式便是决定增强孩子的抗挫能力还是削减孩子抗挫能力的关键因素。这解释了为什么有的孩子能越挫越勇，而有的孩子却一挫不振。背后的原因便在于父母这座靠山是否是可依靠的，是否可以给孩子以温暖与力量。

精神分析师曾奇峰老师在他的文章中写过这样一个情节：武汉的冬天气温约在零度左右，但在过去取暖条件不太好的情况下，处处寒冷，家里比外面还冷，真的有寒彻骨髓的感觉。而在北方的哈尔滨，气温经常是零下 20 度甚至更低，但在那里过冬天确是一件很舒服的事情，因为屋子里有暖气。冷了，就在屋里待一会儿，然后再出门，就不再会觉得那样的寒冷是一件很难忍受的事情了。

生活中的挫折体验对于孩子如同冬天室外的严寒，但只要有父母温暖的避风港在，孩子就不会害怕外面的寒冷。父母带给孩子的包容、理解、接纳就是帮助孩子抵御挫折的厚棉衣。而那些脆弱的、经不起挫折的孩子，他们的成长环境大多是缺乏包容理解与接纳的。

父母永远是孩子的底线和靠山，是他们力量的源泉。无论孩子在外面受到怎样的挫折和困难，只要父母的怀抱是温暖的，他就能够积攒起足够的勇气去面对困难和挑战。

如果是从父母那里时常感受到冷漠和拒绝的孩子，在面对挑战的时候会更容易丧失对生活的信心。"能伤害我们的人往往是我们最爱的人。"所有人都明白这个道理。孩子深爱着父母，父母的一个嫌恶眼神都会让孩子的心堕入冰窟。所以真正能够挫倒孩子的只会是无法理解他们的父母，无法御寒的冰冷家庭。

抗挫能力不是被培养出来的，也不是被要求出来的。它需要的是父母给孩子一个稳定，包容性的成长环境，特别是在童年。环境包括人的环境和物的环境，这都是孩子抗挫能力的一个非常重要的来源。这样的孩子在将来碰到挫折的时候想到过去的某些体验，某个人或物，都是能够给予他力量面对生活挑战的底气和源泉。

人生本已多风雨，父母千万不要再人为地去给孩子的成长增加挫折，不要认为经受多了孩子就会有更多直面风雨的勇气与力量。孩子可以是坚强的也可能是脆弱的，只要父母能在孩子幼年时多给予他们温柔的呵护与炙热的爱意，就会赋予孩子抵御挫折的力量，就会在孩子迎接人生中不可避免的挫折与磨难时毫不畏惧，勇往直前。而没有父母情感上关怀与支持的孩子，他们在面对生活风浪的时候更可能是不堪一击的。

孩子与零花钱

"你们会给孩子零花钱吗？"
在交流孩子的养育问题时，我曾好几次与不同的家长提出过这个问题。
每次提出这个问题所面对的对象都不同，但给出的答案都是否定的。
同时他们都会疑惑地反问："给孩子零花钱干什么？"

"给孩子零花钱干什么？"这个问题的答案我用下面这篇文章来回答。
我会给孩子零花钱。大概是从哥哥 6 岁左右，在他表达出想要自己单独进商店购物的需求后，我会给孩子每周 50 元的零花钱。其实在我提出这个问题时并没有想到会收到这么多否定答案的。我自以为在现代这样的经济条件下，孩子拥有自己的零花钱是理所当然的事。在我们成长的那个年代没有零花钱是常态，拥有零花钱的孩子倒是极其罕见的。这是由匮乏的经济条件所造成的现实。我相信，目前大部分家庭从经济上来说都不会拮据到让孩子零花钱都拿不出。所以我非常建议：只要是有物权观的孩子，就要给予他自由支配零花钱的权利。

让我费解的是，为什么仍然有那么多父母没有意识到给孩子零花钱的必要性？这不是经济能力上的问题，那必然是养育意识上的区别。有的父母会认为自己家里什么都有，吃的玩的都有，什么都不缺。该买的不该买的都买给孩子了，还给他零花钱干什么？

为什么要给孩子零花钱，核心理由是：孩子需要自由支配权。
在父母看来家里什么都不缺，但对于有些孩子来说，他缺少的是自由，缺少的是属于自己的那份支配权。父母没有意识到孩子有支配权的需求。其背后体现的或许是父母缺乏对孩子独立人格的尊重。没有自行选择购置自用品的权利，也许会让孩子觉得自己是被管控的状态。

如果很难理解这种心理需求，就想想我们自己：我们作为成年人，如果有一个人把你生活所需的所有用品都提供给你，甚至是你想要的都给你。只是不给你一样东西：金钱。

这样境地的你，其实是一个接受者，甚至是被动接受者。接受者和给予者，很难让人相信这两者在家庭中的位置是平等的。

在人的某些心理需求上，孩子和成年人并无区别。不要认为对方是孩子而有所不同。

有的家长会认为：我们虽然没有给孩子零花钱，但会给予孩子支配权。比如说也经常让孩子去采购物品、去买单，也让他来支配金钱……

千万不要混淆了概念：支配感不是支配权。让孩子拿着我们的钱去体验买单、或者是为家庭做采购，这让孩子体验到的是支配感。支配感不同于支配权，支配权会带给人自主、自由的体验。

有的父母不给孩子零花钱的理由是担心给了孩子零花钱，孩子一出去就买了一堆乱七八糟没用的玩意儿回来，纯粹是浪费钱。所以，有时父母即使在给了孩子零花钱的同时，免不了要限定孩子的使用方式，比如说：这种东西不能买，因为没用……那个东西别买，家里有……那个太贵了，不行……质量太差的，不好……

如果是这样，便失去了给孩子零花钱的意义。我们不应该用自己的认知去评价孩子买的东西有用没用，好或不好。零用钱最大的意义在于孩子可以自由支配，父母可以给建议但不要干涉。

去年的一段时间，哥哥沉迷于玩某种纸卡片的东西，在我看来那真是一堆毫无意义的废纸，卖得还真不便宜，估计他在这上面花了几百块，连续好几周的零花钱都用在这个上面了。

转眼才过去短短的几个月，现在他"醒悟"了，懊恼地责备自己："想不通我怎么会花那么多钱买那些没用的纸片？"面对一个物质丰富到令人眼花缭乱的世界，做出明智的消费选择并非是一个人与生俱来的本事，而是需要积累大量的经验之后才能获得的一种能力。

先不要说孩子，想想我们自己也就知道了：买了多少看上去喜欢却用不上的东西？又有多少买了回去就不喜欢的东西？想想这些，我们是不是能对孩子不理智的消费行为多了几分理解呢！

如果我们希望孩子学会管理自己的钱财，就需要让孩子拥有自己的零花钱。买东西的过程锻炼了孩子和金钱打交道的能力。这是一个体验学习的过程。

经历过物质匮乏时代的人有个共同特征就是：爱存钱。当然爱存钱绝对不是坏事，但让孩子学会合理地使用金钱，并不建议我们直接向孩子传递自己经验：给他零花钱的同时告诉孩子应该怎么分配，存几块，花几块，如果这么做也失去了给孩子零花钱的意义。

对于我来说，我更建议孩子的零花钱是花出去，而不是存起来的。当然如果还是自己愿意存起来我也支持。如果希望孩子学会理性消费，这经验无法从别人的体验中获得。必须得是在花钱的过程中领悟出来的。乱花钱，是孩子学会花钱，建立正确消费观的必经之路。

也许有父母会担心，孩子太小让其自由花钱会不会养成他们大手大脚的坏习惯？

其实很多因金钱而衍生出的问题，并不在于钱本身，也不在于该不该让孩子接触到钱。而多数都是因为父母忽略了孩子金钱上的合理要求，或情感上的需求。

从来没有获得过零花钱的孩子，一旦有了点儿钱，更容易像饿狼扑食一样恨不得一口吃掉，立刻把拿到手的钱全部花完，有些父母看到孩子这样，更是不愿意让孩子接触到钱，但其实这是一种恶性的循环。

这都是因为他们想急于满足自己长久以来一直不被看见的对物质追求的欲望。正如饥饿着的人看到了食物会是贪婪的，金钱在我们的生活中是无处不在的，让孩子学会认识它，了解它，合理地利用好金钱这个工具，是家庭教育中很重要的一课。

有些家长认为挣钱不容易，应该让孩子也体会一下赚钱的艰难，所以会让孩子做家务事后再给他零花钱，或者说当学业功课完成质量好的时候给予金钱奖励，很多家长喜欢这种方式。但我从来没有这样做，也不会这样做。我不会把孩子为自己做的事和钱扯上关系，更不会把孩子的学习表现和零花钱联系在一起。这种做法表面上让孩子变得更加积极勤快，短时间内可能学习上更有动力。但其背后的负面影响却是长远的，是遗祸无穷的。长此以往，可能某次你想让孩子帮你做点儿事，他还会问：做这件事你给多少钱？

正如尹建莉老师所说：如果让孩子做家务来换零花钱，这是把亲情关系降低到商业关系，把亲人间的互助等算成利益交换。把市场法则引入家庭生活，不仅会容易培养出孩子唯利是图的心理，也会导致孩子对家务劳动产生负面认识。更会让孩子形成这样的认知模式：想得到钱必须用东西来交换。

如果我们希望自己的孩子能够有大格局，就不要在家庭中把他们当雇工来养，去用金钱换取他们的劳动。给孩子零用钱，体现出的态度是孩子作为这个家庭中的一员，对家庭中的财物该享有的一份支配权利。零用钱的金额根据家庭情况而定，或多或少和孩子商议好就行。但一定要有诚意，要给得痛快不要有附加条件，不要变成等价的交换。

可能有些父母又会担心：这样不设置任何条件就给孩子零花钱会不会助长孩子好逸恶劳的心理？养成每个月伸手要钱的习惯后，随着年龄的增长需求会越来越大，而孩子不能接受"钱需要自己去挣"的概念，怎么办？

会不会让他们更容易学会攀比？会不会让他们在获取金钱的欲望上不断膨胀，形成无节制的消费？尤其是当父母给予的零花钱不能满足孩子日益增长的金钱需求时，最后可能为了得到自己心仪的东西而滑向可怕的罪恶深渊，这又该怎么办？

实事求是地说，在现实生活中，孩子的确有可能被扭曲的金钱观所影响，陷入盲目的消费误区，最终导致行为越轨。

但我们要清楚：想要避免这些情形的出现，绝不是控制住给孩子零花钱这一"源头"就能杜绝的。

所有对物质的过度渴求，都来源于情感上的匮乏。

对金钱上的追求、消费上的放纵，物欲上的攀比……都不过是孩子把对感情的需求，转化为对物质上的贪得无厌。

所以，如果我们在花小钱的时候，多去满足他，他就能有更多空间去探索属于他的世界；而不是同内在的匮乏周旋。

要知道，越小的时候乱花的都是小钱，但获得的是大经验。

孩子长大，要填补匮乏的金钱欲所付出的代价会越大。

人匮乏的部分总是会想尽办法来填补的。

孩子小的时候是花小钱获得大满足，等他们长大了，就只能花大钱也许都只能获得小满足。

或许对于有的孩子来说，情感上的满足太难获得，金钱物质上的满足相对容易得多。要相信，只要一个孩子在感情方面获得了充分的满足，就不会对物质方面表现出过分强烈的欲望，更不可能出现因追逐物质消费而堕落的情形。

任何人的生活都避免不了和金钱打交道，零花钱能让孩子有机会学习很多和金钱有关的经验与知识。他们对管理金钱的问题了解得越多，将来就越不可能通过冒险或不恰当的方式解决生活中的金钱问题。让孩子认识金钱，了解金钱，从让他们拥有自己零花钱开始。

无奖励不惩罚

有一段时间我特别喜欢阅读网络上的各种军事类书籍,发现几乎每一位传奇名将的带兵经验上都有一条:赏罚分明。在对待孩子的态度上很多家长也极力赞同对待孩子就要赏罚分明。孩子做错了事情,绝对不可以姑息迁就,否则就是父母失责。同样,如果孩子的行为值得表扬,父母也绝不能吝啬。对于孩子好的行为、习惯进行奖励,错误的、坏的行为习惯进行惩罚这是培养孩子的核心观念。

大部分有教育常识的父母会认为:严厉的惩罚会影响孩子的心理健康,会让亲子关系疏远,孩子更叛逆,这样不仅起不到教育的效果,反而会制造出更多问题。但教育孩子嘛,惩罚还是可以有的,并且偶尔的惩罚也是必需的。美其名曰:该爱的时候爱,该管教的时候还是得管教。甚至有人认为没有惩罚的教育,不是完整的教育。偶尔的惩罚对于孩子来说是一种锻炼,锻炼他们的抗挫能力。教育界的主流有这样一种共识:假如孩子犯了错,不惩罚就等于不管教。

当然,他们也是不支持暴力的。行为主义养育理念的追随者们在不打不骂的前提下也是可以有多种多样惩罚方式的。

比如小黑屋:把做错事的孩子关在单独的空间让孩子去反思。

自然后果:到了饭点不按时吃饭就只能饿肚子。

权利的剥夺:表现不好周末不可以跟妈妈一起去外婆家。

如此种种,不一而足。

其根本核心是:要用吃苦头的方式让孩子记住教训,但这样的惩罚真的对孩子有益吗?

如果惩罚有效为什么在惩罚施行之后还会有层出不穷的问题出现?

答案是:惩罚不能真正解决问题,只会掩盖问题,更不会让孩子获得真正的成长。只会让他们因为惧怕惩罚而变得听话,只会让他们憎恨惩罚而成为想办法逃避惩罚的投机者，或者是向惩罚者认同，会努力想成为有权利惩罚别人的人。

相信每一位父母惩罚孩子的本意并不是为了让他们惧怕，不是为了让他们憎恨，也不是为了让他们学习模仿自己惩罚的方式。而是期待他们能够通过被惩罚的经验记忆学会修正自己的行为。然而令人遗憾的是，威胁、惩罚贬低了孩子的自尊，除了让孩子学会恐惧、憎恨或是模仿以外绝不可能让他获得有益的成长。

"人类所有的行为都是为了满足某种需求。"这是人性的定律。孩子的问题行为与令大人不满意的某些表现其背后都是为了满足自己的某些需求。

放弃惩罚的念头去了解事情背后的原因，才是真正的教育。让他们知道并示范给他们看如何用更恰当的方式去满足自己的需求，当不能满足的时候，理解倾听他们的感受才是真正地帮助孩子成长。为人父母，如果总是急于想通过给孩子教训，让他长经验那么便会失去给他们真正重要东西的大好机会。

"不惩罚"的态度即使有些父母不认同，但都是比较容易理解的。不容易理解的是"无奖励"，奖励孩子有什么问题呢？毕竟很多教育专家都说要忽视孩子的不良行为并奖励好的行为。

多位教育心理学家通过观察研究证实：奖励和惩罚是一体的，是一个硬币的两面。

"无奖励不惩罚"便是《无条件养育》这本书中所提出的一个概念。

当我们希望孩子能够乖乖听话，按我们说的去做的时候，奖励确实是一种非常诱人的方式。他们做到什么，我们便奖励他们些什么。使用外部刺激因素来鼓励孩子以某种方式行事。奖励的方式见效快，在短期内也许能够获得彼此满意的结果。比如孩子不好好吃饭的时候，父母为了激励孩子好好吃饭答应吃完饭去买玩具，为了激励孩子好好学习答应考得好奖励他一部手机……

心理学上有个概念叫动机。它是一种推动人去从事某种行动的力量。动机分为内在动机和外在动机。外在动机是指为了达到某种目的或者是为了获得奖励、逃避惩罚而做某些事。内在动机是指出于热爱，喜欢自己所做的事。

我们都希望孩子能够拥有自主的内在动机，去完成他们自己的事情。但是，当孩子在做某些事情的时候，得到的奖励越多，就越容易对事情本身失去兴趣。

所以，孩子做了多少事不是最重要的，重要的是他的动力来自哪里。

关系到孩子成长的很多事都需要他们的内部动机来参与，来推动。然而奖励只能在肤浅的表层发挥作用。虽然他们的确能快速产生效果，但实际上却在削弱孩子的内在动机。

曾经有个在网络上广泛流传的小故事，故事中的老大爷为了驱赶小孩子在自己的院子里打闹，他使用金钱奖励来达到了目标。

他是这样做的：第一次给来院子里玩的小孩子25美分，第二次给他们10美分，到第三次告诉小朋友他们即将得到1美分，小朋友就再也不到老大爷的院子里玩耍打闹了。

上面这则故事就很好地说明了奖励的恶果：老大爷用奖励控制了别人的行为。

这样的奖励使原本你乐意去做的事情逐渐变得没有意义。最初你有兴趣的是这件事情本身，但是一旦有人告诉你做完这件事情可以得到奖励，你就变得像是为了奖励才做这件事情，久而久之便失去了对这件事的发自内心的兴趣。

《无条件养育》的作者艾尔菲·科恩为此还写过一本书名叫《奖励的恶果》。

在现代管理学中，有一种管理方式叫"胡萝卜加大棒"指的是奖励和惩罚并行。很多企业，学校，家庭都把这当作激励孩子的管理方式。所以科恩说，奖励和惩罚本质上是一回事，都把孩子当作被动的木偶，利用外部刺激来控制。这样的方式最糟糕的地方在于损害了一个人的人格尊严。

作为妈妈，我也时常会为孩子的某些行为而大动肝火，但在我的养育理念中没有惩罚二字。

我时常会满足孩子的各种愿望，但从未以奖励为名义而满足他。

因为惩罚的本质是给孩子制造恐惧，奖励的本质是在利诱孩子的欲望，都是在利用人的动物性达到暂时驱动孩子的目的。

或许有的父母会有担忧，即使我们不对孩子使用奖励，在学校老师依然会用"胡萝卜加大棒的方式来激励孩子，怎么办？其实这并不是那么重要，因为真正影响孩子的是父母对待孩子的态度。

养育孩子是一条曲折而又漫长的路。父母时时都要记得回过头来反省自己，看看自己在养育过程中的所作所为与自己养育孩子的初衷是否相违背，我们是否已遗忘了初心，对待孩子所采用的方式是否能达到自己想要的结果。

相信每位父母都期待自己的孩子能够是一个懂得关心理解人，能够给人带来温暖的人。但这些能力都不是通过语言的告知获得的。我们无法通过惩罚的方式要求他们学会站在别人的角度思考问题，也无法通过奖励的方式要求他们理解他人。唯一有效的方式就是我们在和孩子相处的时候，要时时做到换位思考，去理解他们的真情实感。

我们期待孩子以什么样的方式对待生活，对待他人，意味着我们首先要用同样的方式对待他们。任何父母都希望孩子以后能成长为一个自尊、自爱、自信的人，一个真正的人。

用驯兽技巧对待的孩子长大后会成为一个什么样的人呢？

用鲁迅的话说：小时候不把他当人，长大以后也做不了人。"

孩子与手机游戏

网络和手机可以说是这个世纪最重要的发明了。它改变了我们的购物方式，改变了我们的交流环境，在我们的生活中占据了日益重要的作用。与此同时各色各样的手机游戏也应运而生，五花八门，让人眼花缭乱的网络内容铺天盖地，让人目晕神迷，应接不暇。在这样的情况下很多父母和教育机构都采取了种种的措施来应对着新时代手机与手机网络游戏的挑战。

某学期学校给每位家长发了一张由教育部下达的，要家长重视"网络游戏对孩子的影响"的宣传单，并要求家长认真阅读并签名，确保家长承担起监护责任，保护孩子的身心健康。从这里我深刻地体会到，在教育领域不仅是家长，包括许多教育管理者，大多对孩子感兴趣的领域缺乏了解，遇到问题只凭借个人的主观判断，使用权威以简单限制的手段去解决，总是不从孩子的角度去理解问题。也许这才是比孩子玩手机游戏更为严重，更为值得注意的问题。

在孩子使用手机玩游戏的问题上，我的态度立场或许与大部分教育者、家长是相左的。 我从来没有反对过孩子使用电子产品，他们从小学开始都有自己的手机，他们对待手机也都很从容自然的，想玩就玩，想放就放。

严格管控孩子使用电子产品的家长都只看到自己心中的种种恐惧（手机玩太多眼睛会近视，身体缺少活动，沉迷于游戏荒废学业……）却看不到孩子深深的渴望和垂涎欲滴的眼神。在他们看来只要不给孩子提供电子产品，自己所恐惧的问题就都不会发生。

其实，只要是孩子想玩，他们在父母看不见的地方会用无数种方式满足自己玩游戏的渴望。比如，用零花钱去租赁手机，没有零花钱他们会去借，甚至偷拿父母的钱……只要能有机会拿到的手机，他们更是难以撒手。

我们的孩子出生在一个网络发达的新时代，一个智能手机普及的时代，生活在这样一个时代，绝对禁止孩子使用手机玩游戏，几乎是不可能的。

在这个网络信息发达的时代，手机等电子产品的存在为孩子提供了丰富的社会、生活、学习等各个方面的知识。它是孩子的老师，拓宽了孩子获取各种信息。并且一些有学习意义的APP，让孩子边玩的过程还能边学习。

同时它还满足了孩子的交往需求，和朋友网上聊天、玩互动游戏，已经成了孩子们社交的主要流行方式。它还满足了孩子的娱乐需求，现在的各种网络游戏和APP，都非常有趣、轻松，不仅对孩子，对成年人也有很大的吸引力。它们的存在可以很大程度地缓解孩子学习生活上的压力，能够让孩子放松心情。

很多家长虽然能够认识到手机游戏的正面价值却也会担心：玩电子产品太多影响孩子的视力，久坐影响健康……他们会在心里想：我并不是不让孩子玩游戏，只是担心孩子的视力问题，还有久坐对身体不好。我却并不担心这些。

我相信一个对玩手机游戏这件事拥有完全掌控权的孩子，自然会用合理的方式来掌控自己拥有的东西。一个对使用手机玩游戏毫无掌控权的孩子，当他得到短暂使用机会的时候，可能更会用贪婪、发泄般的方式来掌控自己的"临时拥有权"。

能拥有自由游戏时间的孩子，在玩手机的过程中，放下手机也很容易，也会四处走走活动一下身体。绝对不会一拿到手机就像吸毒者看到毒品般欲罢不能，片刻不离。

即使万一眼睛近视了，那就戴眼镜，戴眼镜的生活也是一种不同的体验。生活不就是种种的体验吗？

目前的现实向我证实：放手是对的，孩子是值得信任的。因此，我相信近视、影响健康……这些问题在他身上出现的可能反而会更低。因为"人在自然和自由的状态下，身心是最健康的"。对待孩子玩游戏最不可取的态度便是粗暴的禁止。要知道人性的规律是：对于越得不到的东西越饥渴想要。

有时孩子一直盯着手机不放，也并不见得是他们有多爱玩手机玩游戏，更可能是除此之外他在现实世界找不到生活的意义，从而借由网络空间来逃避现实生活的无趣。对于现在的很多孩子来说，他们的生活除了学校学习以外，便是兴趣班、补习班，网络游戏几乎是他们唯一的自我空间与娱乐。如果想要孩子放下手中的虚拟游戏，便需父母在现实生活中陪孩子去进行他们所热爱的真实游戏。

成都有一所非主流的学校名叫：先锋学校。

有经济学家在成都的先锋学校做过调研，发现了一个有趣的现象：这里的孩子可以尽情打游戏，甚至通过游戏赚学分。但这些孩子并没有所谓的"网瘾"，反而会因此寻找到自己真正喜爱的其他活动。这位经济学家通过观察认为，实际上真正沉迷游戏的孩子并不多，沉迷游戏的孩子也只是把上网当成一个替代，或是逃避渠道。所以想让孩子戒掉游戏，就得明白，他们想替代什么、逃避什么。

如果担心孩子接触游戏就会无法自拔，首先要避免给孩子贴上"游戏成瘾"的标签。即使孩子长时间沉迷于游戏，给他贴上"网络游戏成瘾"这样的一个标签也无助于改变现状，反而可能固化问题。解决问题要从根源上找原因，每个孩子长时间玩游戏的原因都不尽相同，或许有的孩子在家庭中缺乏父母关心陪伴的温暖，而在网络上交友、聊天或互动游戏，可能有的因为学习生活单调枯燥，学校纪律严格，家庭严管，缺乏宽松氛围，会在游戏中得到放松，有的学习上受挫，会从网络游戏中得到成功体验，等等。

孩子沉迷网络游戏原因很多，但无一不与家庭关系有关。

从心理学理论来说，几乎所有孩子行为上的问题，都可以从关系上找到原因。

如果家里有一位玩网络手机游戏"成瘾"的孩子，那么做家长的首先要知道：一个孩子过度上网玩游戏，不爱出门，不爱交朋友，不愿去学校学习，不是这个孩子一个人的问题，而是他所处的关系的问题，他周围的关系，最重要的是他与父母的关系。

作为母亲，如果是我的孩子每天只想打游戏，什么都不想做，我不会去想办法阻止孩子玩游戏。我会先观察孩子的状态，如果孩子是热情满满，能够真正在游戏中得到满足感和成就感，我会为他高兴，会分享他的满足感。如果孩子的状态是颓废涣散的，我会静下心来内省自己：我是怎样给孩子制造出了内心的荒漠，以至于让他选择通过游戏的方式逃避现实。我会试着去了解孩子的需求，努力以他想要的方式，给予他想要的生活。如果我给不出来，至少要给他自由的空间。

教育者们过分夸大手机游戏、网络游戏的危害，只会给孩子教育出现问题的家长产生一种错觉：孩子教不好都是手机（网络游戏）的错，于是没收了孩子的手机，严禁玩游戏。满心以为孩子从此听话，会走回正轨，结果反而激起孩子的叛逆，越走越远，以至于最后懊悔：当初不让孩子接触手机（网络游戏）就好了。最后还自以为是地把责任推给手机游戏和网络游戏。

手机也好，网络也好，都只是一个工具，它本身是不会制造问题的，并且也有很多人包括孩子，把它变成有利于自己的生活和学习的好工具。

现在网络，智能手机等新媒体已广泛而深入地进入了家庭，这已是一个不容回避的现实，因此仅仅限制孩子接触手机，网络解决不了问题。家长要做的是应该经常与孩子沟通，了解孩子在网上的所作所为，同时也需要与孩子交流一些游戏感受，使用的经验等。作为父母，我们需要对手机，游戏有客观的评价。在评价中多一些思考 或者是偶尔也参与到孩子的游戏中，一起互动。

我们对待孩子使用电子产品和网络的态度绝不应该是堵，所谓大禹治水，宜疏不宜堵。一堵了之是最粗暴简单的，却是后患无穷。它只能解决表面上的问题，却不能从根源上解决问题。它相反会埋藏下种种恶劣的后因，孩子只会表面上顺从，却对亲子关系造成了极大的伤害，使双方本应和谐融洽的亲子关系变成了强迫与被迫的关系，一旦有朝一日，孩子接触到了手机和网络，就会变本加厉地去恶补。反而容易形成所谓的网瘾。

在家庭中创造一个健康的，和孩子共同使用网络和电子产品的和谐氛围才是最好的，才是最为有益的。

说谎的孩子

某知名歌手因自己孩子说谎而体罚孩子的做法在网络上引起热议，加上曾经也有家长和我讨论过孩子说谎的事，也借这个热点说一说孩子说谎的问题，其实小的时候有哪个孩子没说过谎呢？面对孩子的谎言作为家长首先要放松，夸张的反应反而容易固化并放大问题。

对于孩子的谎言首先要分年龄来理解，年龄小的孩子他们的谎言往往是把内心的想象与现实混淆，而年龄大一点的孩子说谎，更多是因为惧怕惩罚或取悦父母。

谁都知道诚实的品质很重要，诚实的孩子受人欢迎，被人尊重和信任。所以父母都希望自己的孩子拥有诚实的品质。我们以为教育孩子要诚实就是告诉孩子怎么做是对的，怎么做不对。但教育并不是动嘴皮子的事。

不是你批评/教导孩子说谎不对，孩子就能学会诚实。不是指出问题就能消除问题。

孩子说谎究其原因很多时候都是由于他们的某些需要未被满足或者是为了逃避批评惩罚而所采取的应对方式。

比如，孩子的某个需求没有得到父母重视，他必然会寻求满足自己需要的办法。

如果父母对此没有觉知或者是过分压制，孩子就会换一种方式或者是以撒谎的方式来满足自己的需要，所以面对孩子的谎言，父母应该用心理解孩子的需要。孩子的需要被理解或者是恰当满足，谎言自然就没有存在的空间。

父母和孩子之间相互信任的关系，是孩子诚实品质的重要条件，如果父母对孩子总是抱有不信任的态度，便是在间接地把孩子推向不诚实。

有位母亲对金钱非常重视，总担心孩子会偷拿家里的钱，防孩子偷钱就像防小偷一样。不仅把钱放得很隐秘，从不允许孩子从自己包里拿钱，而且在孩子需要买东西的时候总是左右盘问：是这么多吗？不许多拿！正是在这种不信任环境下，孩子从十几岁开始就偷拿家里的钱，被发现之后，父母除了把孩子暴打一顿之外毫无办法。

有的父母，他们要求孩子在房间里学习，自己每隔几分钟去偷瞄一下，看看孩子是不是在偷懒。所以，所有撒谎的孩子其根本原因都跟家长有关，尊重并信任孩子的父母，他们的孩子是不会说谎的。

说到家长如何应对孩子撒谎这个话题，我想起了这样一个广受欢迎的小故事：有一个法国小男孩，他活泼好动。有一天在家里玩篮球，不小心把花瓶碰掉了，花瓶摔碎了一块。小男孩非常害怕，心想怎么办，妈妈回来怎么说呢？他急中生智，把花瓶口掉的那一块碎瓷片用胶水粘上了，而且把破的一面朝向里面，表面看这个花瓶挺完好的。孩子于是安心了。等到晚上吃饭的时候，妈妈问他为什么花瓶破了一块？因为妈妈每天回家都要擦拭这个花瓶，所以妈妈其实早就发现了。小男孩的心一下子就提起来了，他说："有一只猫从窗户外面跳进来了，跳来跳去的就把花瓶给碰掉了。"妈妈看了一下孩子，没有说什么，孩子觉得躲过了一劫。等到晚上睡觉的时候，妈妈让他到书房来一下。小男孩的心又提起来了，他心想："糟糕了，被妈妈发现了，怎么办？"最后这个孩子下定决心，打死也不承认！

带着这样坚定的信念，小男孩就去见妈妈了，结果妈妈并没有生气，反而拿出一块巧克力给他。妈妈说："我要奖励你一块巧克力，因为你有一个神奇的想象力，你创造了一只会开窗户的猫，妈妈觉得你将来肯定能当一个侦探小说家。"

紧接着，妈妈又拿出第二块巧克力说："妈妈还要奖励你一块巧克力，因为你动手能力特别强，你用普通的胶水把这个花瓶粘得很好，不仔细看还真是看不出来。"孩子有点儿忐忑了。

妈妈又拿出第三块巧克力说："妈妈还要奖励你一块巧克力，因为妈妈要跟你说声"对不起"，妈妈明明知道自己有一个活泼好动的儿子，可是却把花瓶放到那么容易碰到的地方，每次都制止你不要在这里玩，却从来没有想过应该把花瓶换一个安全的地方。"

故事到这儿就结束了,可是小男孩未来的生活却产生了深远的影响。每次他想说假话的时候,那三块巧克力就像警灯一样提醒他:我要做一个诚实的人。

读到这个故事的很多家长都对故事中的妈妈佩服得五体投地,纷纷评论说:"这是多么睿智的法国母亲!她用自己特别的方式,看似奖励,却深刻地让孩子认识到自己的过错,还保护了孩子的自尊心。每一块巧克力,每一句话语都蕴含着这位母亲独到的教育见解和教育艺术。"

"她以诚恳地向孩子检讨自己疏忽的名义,来奖励自己的孩子,让孩子感受到母亲对他无私的爱。"

这位妈妈的做法让很多做家长的人自愧不如,但却让我感到不寒而栗。把自己代入这个孩子,我却是绝对不敢再在这样的妈妈面前不老实了,但同时与妈妈的心理距离也越来越远了,任何心里话也不会敢对她说。

因为从头到尾这位妈妈都不过是在孩子面前居高临下地展示自己高明的教育技巧。可再高明的手段,说到底也不过是为让孩子认错而耍的花招。整个过程这位妈妈完全没有考虑过孩子的感受。因为妈妈完全没有感觉到孩子在书房时一直瑟瑟发抖的内心,也更没有进一步去思考孩子为什么不敢讲实话。

看一个家庭对孩子是否宽容,就看孩子在犯错之后是惊慌失措,还是勇于承担后果。从故事中孩子的反应可以看得出他们的家庭气氛是缺乏宽容的。也许正是家庭气氛的不宽容,才是孩子说谎的根本原因。

小巫老师说过一句既是玩笑又是真理的话:"在有的家庭,孩子说真话会遭雷劈"。

孩子不敢讲真话,往往是因为说实话要付出的代价太大。他们明知道说谎是错的也会为了避免被惩罚,保护自己而选择说谎。诚实是每一个位父母对孩子的期待,或者是要求。但每个孩子最初的谎言却几乎都是迫于压力。面对说谎的孩子,我们更需要的是关注孩子说谎的动机、原因和内心的真实需求。而不是要求他们要诚实。

任何时候孩子说了谎,或是做了不妥的事情,父母务必要给予理解,不

与其教育，不如去爱

宜扩大问题的严重性，更不要曲解孩子的动机。任何孩子在失误或谎言之后都会有后悔自责之感。此时他们更需要的是父母的宽容接纳。面对孩子撒谎，父母需要的不仅是找出原因，更要为孩子的诚实创造宽容的环境。要记住，任何问题的行为背后都是未被满足的需求，或未被看见的需求。解决孩子的行为问题一定要从感受出发，而不能只是看表面问题消失了就以为是成功的教育。

PART3

第三部分

陪伴的到底是谁？

曾在网络上看到这个"爸爸带4岁女儿骑行4千公里到拉萨"的新闻下面，无数人为此而感动，并赞美这位爸爸对孩子用心的陪伴。视频中红心与点赞齐飞，夸赞与表扬共一色，充满了满满的正能量。"中国好爸爸""最温暖的爱是陪伴"这样的字句在网络上铺天盖地存在着。

随着经济水平的提高，带孩子旅行成了热门活动。寒暑假不带孩子出门旅个游、长长见识好像对不住这悠长的假期。某年暑假，我们全家在爸爸的全程安排下，进行了一场历时二十天，穿行七个省的长途自驾旅行。途经沙漠、草原、高原……领略了不少异域风光，看到了不少湖光山色，奇险异峰，也拍了不少让人称羡的幸福美照。

如果你通过网络，看到展示出的照片中孩子开心的笑脸时，或许你也会对这样的旅行充满了向往或赞赏："哇，多美好多幸福的一家人啊！"但是如果我告诉你：在这趟行程中，每天至少有7个小时在车上度过，每天的午餐几乎都是在高速服务区匆匆解决，每天都是一个景点打卡完毕，赶紧上车继续下一站……换句话说：这是一趟"吃""玩""休息"都不会让人感到轻松舒适的旅行，这是一场马不停蹄的旅行，听到这些信息时你又会感觉如何呢？相信了解之后，你前面的认同与赞赏也许会退去几分："这也太折腾了吧！这么长时间待在车上，孩子得无聊坏了吧？这样的旅行可真够累人的……"这样紧锣密鼓的行程是为了什么呢？这失去了游玩本身的意义吧。

写这些是因为我想说：一，对于别人的生活，我们所看到的，所了解到的，都只是别人想要展示给我们看的某一个小小的部分。不要被任何表象所迷惑，别轻易做出好与不好的判断。有时候镜头前与镜头后是天差地别。美好的表象后面也许藏着不为人知的糟与乱，累与烦。

二，作为旁观者，对事件我们可以有自己的理解和态度，但不能对别人的生活做出意义上的评价。体验有无意义，只能由亲历者自己去定义。比如孩子，他是明确拒绝这样的旅行再来第二次的，但这并不代表否定了爸爸对家庭的用心，更不代表否定了这场旅行的意义。这趟长途旅行的确是让全家人困马乏，开车的人辛苦，坐车的也觉得劳累。但即使这样疲惫不堪的一场旅行也依然是有意义的。只不过从陪伴孩子的角度来看待这样的行为，就需要再看看这其中的意义对谁而言更多一些。

陪伴的到底是孩子？还是父母？

至少在我看来，如果把这样的"相伴同行"定义为陪伴的话，从这样的陪伴中获得意义更多的还是作为父母的自己。孩子从这样的旅行中所获得的意义并没有父母认为中的那么大，或者是并没有父母认为的那样重要。孩子到底能从旅行中感受到什么，我无从知晓，但有一点是肯定的：他的收获肯定没有家长期待中的那样多。尤其是以"长见识"为目的的旅行，绝对不会是孩子想要的。

对于孩子来说，重要的是感觉。只要是能和自己的父母在一起做着大家都开心的事，他们就会是满足的、快乐的。去了哪里、做了些什么，是在森林边皑皑的白雪上看日出，还是在自家的阳台上看日落；是在西沙的椰林中漫步，还是在社区的小道上快跑，对他们来说区别并不大。因为他们本身就是很能活在当下，并擅长从平凡生活中发掘意义的人类。孩子们的心灵是纯洁的、简单的、纯粹的。他们不会觉得走到某一个地方，花了多少飞机票钱，花了多少门票钱，就会与家门口的景色有本质的区别。因为孩子对物质的要求与期待不是那么高。所以孩子们关注的只是玩乐本身带来的愉悦与满足，不会太看重外在环境条件的变化。

他们不像我们成年人，非得通过离开日常生活固定的环境和让自己感觉乏味的日常事务而去进行新奇的旅行探索，或通过某些冒险刺激的形式才能找到乐趣并获得意义。

对于有些父母来说，其实是他们自己需要通过满足孩子来获得自身的成就感、价值感。他们需要被外界肯定的目光激励，通过带孩子旅行来体现自己作为成年人的经济实力，通过外界的赞扬来确定自己是好父母，是乐于"陪伴"孩子的父母。

不过这也并不是问题，因为当父母们的这些感受需求被满足后，也会让他们在以后的生活中能更好地履行自己身为父（母）的身份角色，并对自己在满足孩子需求上的能力充满信心，这又会是更深层的意义。

很多父母自己并不能意识到这些，分不清楚需求到底是自己的还是孩子的，常常会把自己的需求当作是孩子的需求。所以，很多时候我们以为陪伴孩子做的某件事，其实是孩子陪我们做了我们想和他们一起去做的事，我们以为是陪伴孩子去旅行，其实只是把孩子带去了我们想带他们一起去的地方。是孩子在配合我们来扮演积极陪伴孩子的"好父母"，身为父母的我们应该看到这层现实，意识到这层现实，别太深地沉浸在自己给予了孩子"一场有意义的陪伴"中而备感骄傲，并给自己加冕。

其实真正对孩子的陪伴，是从孩子的角度出发的，要设身处地从孩子的立场出发。

比如，一个朋友说他的孩子喜欢看蚂蚁搬家，并且要求妈妈陪着他一起看。朋友的第一反应是拒绝。并对此振振有词："蚂蚁搬家有什么好看的！多傻呀，多脏呀。不如我们去钓鱼，或者去公园野餐。"后来孩子遵从家长的意愿，去钓鱼，去野餐了。确实拍出来的照片唯美而又浪漫。

青山绿水，山花烂漫，朋友发出来的朋友圈照片，是在青山绿水优美的景色间，朋友心满意足的笑脸，旁边是孩子摆出来的笑脸。还有一段文字——最长情的爱是陪伴。果然此朋友圈一发，收获掌声与赞叹声一片。但我却觉得无语。这陪伴，陪伴的到底是谁呀？这是孩子想要的陪伴吗？这样的陪伴对孩子来说是幸福和快乐的代名词吗？这样的陪伴对孩子来说是有意义的吗？这是我们家长需要去认真思考的问题。

不要把家人亲子的相伴,都冠以"陪伴孩子"的名义来进行。而只有心甘情愿地以孩子为中心,才能做到真正意义上的"陪伴"孩子,而不是反过来让孩子"陪伴"我们。

孩子的成长是迅速的,也许在忽然之间,孩子已经长大了。已经不是那个拉着你的手,睁着渴望的大眼睛,想要你去陪他玩,充满了童真的孩子。他有了他自己的世界,有了他独立的生活,不再需要我们的陪伴。我们想再认真地去陪伴他们,却只是有心无力,所以趁着孩子还小,趁着我们的年龄还正好,去耐心地,充满爱心地陪伴孩子吧。以孩子的出发点出发,不管这陪伴是脏还是傻,不讲求形式,给予孩子们想要的陪伴。

看见孩子

晚上散步的时候，我走到了小区荷花池的旁边，荷花池中的睡莲又开出了几朵，开在池子的尽头。让我不禁想起和睡莲相关的小故事。

哥哥诺一直都是个活泼好动的孩子，空闲的时间就喜欢找朋友或同学在小区里、池塘边到处逛，摸田螺呀，网小鱼呀，兜蝌蚪呀……小区里到处都留下了他探索的痕迹。

有时候我也会带上弟弟陪他们一起去，去看着他们玩耍，而每当这时诺知道我在他身后关注着他，也会玩得更起劲、更开心。

诺的安全意识比较强，做事情很谨慎，不莽撞，不冲动，所以我对他单独出行一直都比较放心，有时候忙，我不跟着，诺就自己出去玩儿。

周末放假的一个下午，他又一个人出门去玩了，过了一个多小时还没有回来。我有些焦急和担忧，准备下楼去找一找他。我刚走到楼下，就碰到他从远处往回走，手上捧着一些什么东西。

远远地，他看见了我，就举起手上的东西一脸兴奋地对我喊："妈妈！妈妈！你看我给你摘了花。"

待他走近，我一眼就看到了他湿透的裤子和湿了半截的上衣，衣角还往下滴着水。

我担心又恼火，急躁并不耐烦地对他说："你去哪里了？怎么衣服都湿了？"诺依旧一脸兴奋地对我说："妈妈，我去给你摘荷花了呀，妈妈你看这花多么好看啊！"

一听到他说摘荷花，我心里就一阵后怕，惶恐和不安向我袭来。

因为我知道小区荷花池里的水比较深，从他身上湿透的衣服也能看得出来，水深大概到他的大腿以上了。小池塘的水位对一个成年人来说是安全的，但他只是一个不到 6 岁的孩子啊。我有点儿生气地对他大声吼："那么深的水，你竟然还敢下去摘荷花？"

诺的脸上依旧挂着兴奋的笑对我说:"没关系的,妈妈,我会注意安全的。"

接着他便把那簇花苞递给我,说:"这些都是我特意送给你的,你喜欢吗?"

看着那些还没有张开的花苞,我只觉得一阵烦躁,觉得这些花苞很碍眼,同时看到他湿淋淋的一身衣服,又担心他感冒,心里着急,就对他不耐烦地说:"好了,好了,我知道了,赶紧回家换衣服,这花就不要带回去了,就放在楼下吧。"于是我顺手就把他递给我的那一束花苞扔在了草丛里,心里还带着未消的怒气。

诺急得快要哭了,赶紧捡起来对我说:"妈妈,你怎么把它扔了?这是我特意摘回来送给你的⋯⋯"

然而就在把花苞扔向草丛的那一瞬间,我就知道自己做错了。看到他急切地把花苞捡了回来,我努力地平静心情,赶紧对孩子道歉:"对不起,刚刚妈妈有点儿着急了,我们把花带回去吧,然后还要赶快换衣服,否则会感冒的。"

诺的脸上有失望和伤心。

我轻轻地搂了搂他,对他说:"妈妈知道你的心意。"我这样一搂,孩子委屈的情绪有了出口,顿时大哭起来了,一边哭还一边絮絮叨叨地对我说:"我送给你花,你不喜欢,你还要把他扔在草丛里,这可是我费尽力气才摘来的。"

此时我意识到自己践踏了孩子的一片心。于是对他说:"妈妈不是不喜欢你送我的花,妈妈只是担心你的安全,毕竟水里很危险,万一溺水怎么办?同时担心你的身体,担心你因为下水会感冒。可是妈妈却忽略了这是你的一片心意。妈妈错了,我们现在就把花拿回去,用盆把它养起来好吗?"

看到我诚恳的道歉,他的委屈也消散了一些。怏怏地跟我一起回去了。

我们一起回到家,他先换了衣服,我找了一个盆把花苞养了起来。这时诺对我说:"和我一起摘花的一个大哥哥告诉我,这种花开了以后是很漂亮、很好看的,我还送给那位大哥哥一些,让他送给他的妈妈。"其实这种花苞我并不认识,我也有些怀疑它到底会不会开出花,会不会开得漂亮。

可我还是对他说:"漂不漂亮没关系,妈妈已经知道了你的一份心意。妈妈很感动。"同时我又一次为"把花苞给扔了"的行为真诚地向他道歉,诺原谅了我,小小的脸上破涕为笑了。

没想到,过了两天花苞真的开了。

原来这种花苞是美丽的睡莲花,盛开之后漂浮在水面上好看极了。

这也是我第一次见到盛开的睡莲。我很惊喜地对孩子说:"诺,你送给我的花苞开花了,真的是非常漂亮,非常好看,妈妈有眼不识金镶玉,差一点儿还把它给扔了,幸好你把它捡回来了。"看到我愉悦的表情,诺这下又兴奋又得意地对我说:"这下你知道了吧,这个花真的很漂亮。不过我也不怪你,你肯定是没有见过这个花,所以不知道它有这么漂亮。"

孩子真的是很宽容,还能体贴地站在我的立场理解问题。

作为一个家长,"看见"孩子的心意,理解孩子的善意,是尤为重要的。

但是,"看见"两个字写起来容易,说出来也容易,可真真正正做到却并不容易。

再懂得爱孩子的妈妈,也有被各种情绪所左右,看不见孩子的时候。

怎么办呢?唯有深刻的觉察和真诚的道歉。

当我把那簇花苞扔向草丛并意识到错的时候,就已经有了觉察。

我觉察到:自己没有看见孩子兴奋的脸和他满腔的爱,我被自己心里的担忧和后怕所蒙蔽了。孩子的满面笑容我没有看到,看到的却是孩子淹水后的恐慌与后怕。

同时还因为自己脑袋里出现的一系列危险剧情开始责备孩子,无视孩子的心意。

而没有被我"看见"的孩子,虽然当时很委屈很伤心,但在我诚挚的道歉下，孩子理解了，也原谅了我。

　　后来路过荷花池的时候我和诺又说起了这件事，诺对我说："荷花池已经被管理处用铁丝网围起来了，以后谁都摘不了。"

　　我对他说："你也不用摘了，你之前送给妈妈的那簇睡莲，永远都开在妈妈的心上不凋谢。"

妈妈，我为什么要上学？

顾城有一首诗，题目是两个字叫作"生活"。诗的全文却只有一个字——"网"。

我们生活在人世间，有各种各样的网束缚着我们，有各种各样的条条框框约束着我们，规划着我们，有各种各样的社会规则需要我们去遵守，需要去执行。对这些我们早已司空见惯，我们已经习惯了这被规划的人生，所以不会去想为什么，也不会去问为什么。但是对于纯真无瑕的孩子们来说，他们对这些规则却是充满疑惑的。

记得是在哥哥上二年级的时候，有天晚上散步时他问了我这样一个问题："妈妈，我为什么要上学？"这个问题让我沉默了。

也许对于现在博学多才的高知父母们来说，给出答案很简单："上学读书可以改变命运""可以让你懂得道理""长大后才能为社会做贡献。"……对于这个问题，最美的、流传最广的回答莫过于著名作家的这段话："孩子，我要求你读书用功，不是因为我要你跟别人比成绩，而是因为，我希望你将来会拥有选择的权利，选择有意义、有时间的工作，而不是被迫谋生。当你的工作在你心中有意义的时候，你就会有成就感。当你的工作给你金钱，不剥夺你的生活，你就有尊严。成就感和尊严，会给你快乐。"

所以为什么要上学呢？

这段话告诉孩子：上学读书不是为了要成绩要分数，而是为了你将来生活的成就与意义。

然而尹老师却对这段话做出了毫不留情的批判，尹老师说：她向孩子要"用功"的目的不是为了要"成绩"，而是要"未来"——难不成天下有哪一个家长向孩子要用功，仅仅是出于要成绩，而不是要未来？事实上每个跟孩子要成绩的家长要的都是孩子的未来。尹老师的这段话让我想给她 100 个赞。

也许正是因为我们和孩子的交流态度中到处充斥着这种假模假样、冠冕堂皇的教育废话，所以前面那段听起来很温情脉脉实际却满是漏洞的一段话竟然博得全网喝彩。

其实"为什么要读书"这个问题的答案只能由孩子自己来回答，家长需要做的是去倾听孩子的答案。当时我和孩子的对话是这样的。我沉默了片刻后认真对孩子说："妈妈想知道你觉得自己为什么要上学呢？"孩子毫不犹豫地回答："为了让妈妈高兴。"孩子的答案让我有些意外。说真心话，当孩子对我说出上学是为了妈妈这句话的时候，我的内心是感动的。

也许有的父母会认为孩子学习的动机不正确，要给他纠正过来。上学哪能是为妈妈，明明就是为了他自己好吗！

可是，在我看来，哪怕他的动机是"不正确"的，不是我们世俗上的传统正确答案，但也是他的真实感受。感受没有正确和错误之分。他愿意对我说出他的真实感受是对我的一份信任，是对我的一份爱，至于所谓正确的学习动机并不是我们用语言可以塑造，可以纠正的。不要企图用冠冕堂皇的大道理来说服孩子："读书是为你自己""为你将来……"孩子是活在当下的，他们不能理解自己此刻的学习如何关系着自己的将来。即使表面上可能被你说服了，觉得妈妈说得真有道理，但他们内心往往是无法真正认同的。

"孩子上学是为了他自己的将来"即便是雷打不动的事实，也只需要父母自己心里面清楚就够了。不必急于让活在当下的孩子充分理解这抽象的道理。如果父母自己明白学习的意义，就可以借着自己的态度行为将学习的意义传递给孩子，而不需要用语言来教导纠正："你是为你自己上学。"父母义正词严地纠正孩子"错误"的学习动机，往往是因为父母也并不明白学习的真正意义。

我记得后面自己还对孩子说过一段话："妈妈小时候也不明白自己为什么要去上学读书，我当年去上学读书也是不情愿的，直到现在我才从学习中找到乐趣。你现在愿意为让妈妈开心而去上学，妈妈很高兴，妈妈相信你以后还能从上学和学习中找到更多的乐趣和意义，这是需要你自己慢慢去感受的，妈妈没有办法给你答案。"

"我们为什么都要上学？"这个问题我小时候也问过我的妈妈，妈妈对我说："上学才能有出息，才能过好生活。"这是她给我的答案。同时她还时常会在我学习不认真的时候朝我吼出这两句话："学习不知道用功，你难道是在帮我学的吗？""上学是为了你自己好。不是为你妈学的知道吗？"

其实在那时，我的心里一直想说："是的，我就是在给你学的。""如果学习是为我自己好，跟妈妈没有关系，那我可不可以不上学？"当年面对妈妈的怒吼的时候，我的心底一直藏着这样一个答案和疑问，但从不敢说出口。

记得在某学校运动会上，同学们高举的一个横幅上面写着，"我爱学习，学习使我妈快乐"。全体同学齐声喊出"我爱学习，学习使我妈快乐；我妈快乐，全家都快乐！"的口号。

多么诚实的孩子们。

对于很多把自己的人生和孩子的未来捆绑在一起的妈妈来说，孩子的成绩就是妈妈的战绩。孩子的成功就是妈妈的成功，孩子的失败就是妈妈的失败。这难道不是事实吗？

孩子成绩不好，妈妈快乐得起来吗？虽然很多父母嘴上都会说孩子的学习是孩子自己的事，实际上呢，当孩子的学习出现点儿问题，比如字写得不好看，作业完成得不佳，尤其是考试没考好的时候，父母往往比孩子更着急。这样我们还能说孩子学习是为他自己吗？所以，如果我们能够诚实地面对这个问题，就会愿意承认孩子上学真不一定是为他自己。即使不是完全为父母，也有为父母的部分。有勇气面对真相的父母一定没有底气理直气壮地对孩子说："你上学是为了你自己！"

试问一下，有几个孩子是真心喜欢上学？从天性上来理解孩子其实大多是不喜欢安静地呆坐在教室里听课的这种学习模式的。或许有些孩子能更好地适应当下学校教育模式，可是也有另一种孩子，他们不擅长。但他们愿意为了让家长满意，让家长高兴而上学，不管他们学得好不好，在我看来这都是孩子对父母深情的爱。

所以，我们作为父母在和孩子交流时，少说些冠冕堂皇的正确道理，多走走心，诚实地面对孩子和自己吧。

以教育之名的伤害

网上看到了一个男孩偷家里的钱，被爸爸扒掉裤子吊起用竹条抽打的新闻。更令人感到悲哀的是新闻下面的评论是一片叫好：爸爸虽然狠了点儿，但这是为让孩子长记性，为他的将来好。

新闻让我回想起自己小时候的某个时刻。虽然现在我已经是快40岁的成年人了，但每每回忆起那个情景的时候，内心的愤怒、悲伤、恐惧与委屈，依然会跳出来。我想，不管自己以后变得有多老，将来也许会成为多么明智的人，我还是永远都没有办法忘记身为一个小女孩的自己被母亲毒打的情景。原因是当时的我偷拿了家里的一块钱。对于我母亲来说，孩子偷拿家里钱，如果不严加惩戒，及时纠正，以后就会滑向犯罪的邪恶道路。

他们虔诚地信奉着这句古话："小时偷针，大时偷金。"他们认为，如果一个人第一次偷东西成功了就会想做第二次，第二次再成功了就会想做第三次，久而久之就会堕入犯罪的深渊。妈妈以为自己能够让孩子收获一个宝贵的教训，她以为通过殴打所带来的疼痛就能够让孩子知道什么是不能做的，什么是不应该做的。她认为对孩子身体上的毒打是最有效的教育。可是事实上，那个小女孩连发生了什么都还是蒙的，留给她的只有疼痛和恐惧。

偷拿家里的钱，也许是大部分孩子都曾做过的事，这也许在成年人看来是了不得的大事，是孩子品行败坏的现实证明，但对于孩子来说却并不是这样，孩子行为背后的原因也是多样的。在这里不展开来谈孩子偷拿父母钱的事具体该如何解决，我更想说的是：有多少虐打孩子的行为，正以教育之名进行着！

现在已经到2022年了，离我的童年已经过去20多年，这20多年里社会有了巨大的变化，人们的经济生活水平也有了飞跃的提升，一切都在改变。

然而大部分家长对待孩子的思维模式却无太多更新,这样的现实让我的内心充满惆怅与悲伤。

家庭,原本是孩子学习如何爱自己,如何爱他人,如何解决争端的地方。也是人学习构建和平世界与稳定社会的地方。但事实上呢,我们给了孩子一个怎样的成长环境?

不管是过去还是现在,几乎每一个打骂孩子的家长都是借着教育孩子的名义进行的,每天都有以教育为名义的针对孩子的家庭暴力在发生。

也许我们的外在形象已经步入了文明时代,但骨子里却还是流着原始人粗暴野蛮的血液。

每当新闻中播出恶性伤人或杀人事件的时候,所有人都会义愤填膺地表示要严惩施暴者,还受害者公道。但不知道有没有人想过:成人世界里所有穷凶极恶的人,儿童世界里的所有霸凌者,也许都是曾被以教育之名伤害过的孩子,都是曾经没被生活善待过的孩子。

所有有孩子的成年人都会对校园霸凌格外关注,但我有一个悲观的预言:校园霸凌永远都不会消失。除非在任何情况下,所有家长都不打孩子。

因为校园暴力的根源之一就在于成年人以教育为名对孩子实施暴力。校园霸凌是儿童对成年人行为的模仿与追随,成人世界的暴力与战争,其终端发源地更是在家庭。

有人说:有的人就是天生的坏,携带着罪恶的基因。

他们认为人的善恶除了受后天环境的影响以外,基因遗传也有相当重要的作用,"反社会人格"的大脑皮层工作模式和正常人就是不同的。

即使这样的说法有道理,但我想说:糟糕的外在环境会激活基因的内在缺陷。

充满友爱与关怀的环境即使无法修复缺陷也会让这种缺陷处于沉睡状态中,不被唤醒。

大部分的霸凌者、暴力崇尚者,并非是基因上的缺陷,而是在后天环境中形成的。

研究证实:所有少年犯和成人罪犯,都是曾被暴力体罚过的孩子。以暴并不能治暴，只会激活孩子先天暴力之恶。

曾经读到一个让我备受感动的故事，故事的背景是在外国，有一位母亲的儿子加入了当地的黑帮。但她并不知道，直到警察敲开她的家门询问时，作为母亲才知道孩子参加了有组织犯罪。她非常震惊，然后陷入了抑郁状态。随后她意识到自己需要做些事情去改变现状，但是孩子却拒绝与母亲进行深入交流。

于是这位母亲重新找到了突破点——孩子的那些朋友们。这位母亲在家里整理出了一个休闲娱乐的空间，邀请孩子和他的朋友们到家里面来玩乐休息。随着他们到来，这位母亲开始了解每一个人并和他们建立关系。然后为他们洗衣服做饭，照顾他们的生活。

后来这些看似堕落的小混混们开始对这位母亲的爱有所回应。她所做的努力后来改变了很多年轻人的生活，也使他的儿子免于牢狱之灾。

把年轻人从犯罪边缘拉回来的是什么？是法律的严厉惩治吗？是父母的棍棒教育吗？

都不是。是一位母亲宽大无私的接纳和包容。

她用她博大的爱和智慧构造了和这些年轻人之间温暖的关系。他们把她视为第二位母亲。这位母亲改变了这群年轻人，也改变了自己的孩子。她让我相信爱才是世界上最神奇的教育魔法。

我们总是谈教育，可是一个连自己的情绪都控制不住的成年人谈何教育孩子？任何打骂孩子的父母无论外表看上去多么强劲有力，其本质必定是软弱无能的。至少意味着你作为父母没有能力用更好的方式对待孩子。可以肯定地说，所有针对孩子的暴力中都不可能有教育因素。真正的教育绝对不会有暴力。

每当孩子做错事，下面总是有一堆的家长呼喊：必须得好好教育、严厉惩罚。

其实他们是为了教育吗？只不过是为了发泄心中无名恨意。这股无名恨意其实是有指向的，最初指向自己的父母，来自于我们自己小时候曾被打骂的经历，但我们无法意识到或者是无法承认自己对父母的恨意，于是转而指向更弱小的孩子。

如果我们能承认真相的话，就会看到我们对孩子的愤怒都是自己曾经痛苦经历的再次浮现。下意识地把情绪发泄到孩子身上，把孩子当作出气筒。只有理解了自己伤痛的真正根源并修复，才能够放下对孩子施以教育之名的虐待。

虽然大多数人在成为父母之时都会对自己说，绝不会像父母对待自己那样对待自己的孩子。可如果我们不反思自己是如何成长的，我们的父母是如何对待自己的，父母对待我们的方式哪些是自己所期待的、欢迎的，哪些是自己所惧怕的、痛恨的。那么你可能会发现自己还是会不知不觉地在用父母对待我们的方式对待自己的孩子。我们在自己童年时所目睹的或体验过的养育方式，就会自然地成为我们自己养育孩子的模板。

有时候会恍惚间觉得自己还是那个被打得蜷缩在地上，自己把自己抱成一团的无助的小女孩，会在那一瞬间对这世界感到绝望与委屈。但我在成了妈妈以后，会有意识地正视这种痛苦，不是为了寻因追责。而是因为我明白，只有正视和面对自己的童年体验，只有理解了身为孩子时的自己，理解了作为一个孩子他们渴望的是什么，惧怕的是什么，才有可能斩断错误的轮回，让错误不再继续下去，才能以理智和智慧的方式对待自己的孩子，以教育为名义的虐待才会在自己这里真正终结。

戒不了吼的妈妈

你是怎么和孩子交流的？你和孩子平常的交流氛围是怎样的？是慢声细语，犹如阳春三月，温柔呵护，如坠云端；还是寒风暴雪，犹如寒冬腊月，劈头盖脸，让人无所适从。有的妈妈说，我也想化身温柔的天使啊。我也想慢声细语啊。我也不想像一个河东狮一样吼啊。但是没办法，避免不了，忍不住啊。

曾有妈妈私信我："我总是忍不住吼孩子，该怎么办？"她说"每次看到孩子拖拉磨蹭、丢三落四，有各种坏毛病的时候我都忍不住吼他，吼完了之后又后悔自责，觉得自己不应该这样。但下一次面临同样情境时，还是会忍不住吼孩子。为改掉吼孩子这个坏毛病我也做过很多努力与学习。"她表示每次在学完之后的一段时间里好像会好很多，但不久之后又"旧病复发"回归老样子。最后她感叹："不知道什么时候才能成为像你一样的好妈妈……"听了她的话，我感觉这大概是很多人对我最深的一个误解：把我想象成一位永远对孩子保持和颜悦色、温柔耐心的妈妈。

她想象不到的是，在这个问题上其实我和她一样，也是一个忍不住会吼孩子的妈妈。而不同的地方在于：我没有把吼孩子这个行为当作"问题"。

不打不骂不吼孩子，应该已经算是作为一名现代文明家长的标准了。在如今的社会环境中，能做到不打骂孩子的家长有不少，但做到完全不吼孩子的家长我相信并不多。

实事求是地说，我绝不敢说自己已经做到完全不吼孩子。如果说自己从来没有吼过孩子更是假话。

在养育孩子的实际过程中任何父母都不可避免地会遇到很多的困难，这些困难有时候会让父母们缺乏耐心来应对。我也做不到任何时候都以冷静温和的态度和孩子交流，这个时候往往会自动化地向孩子做出"吼"的反应……

165

这并不是在为自己的失当情绪和行为开脱，我也从不认为吼孩子是对的。

就像其他妈妈一样，虽然我知道这样的行为不好不对，也知道自己不应该这样对孩子，有时却还是会忍不住吼孩子。冷静下来之后也一样会后悔，会心疼，会自责。我也会像这位妈妈一样，听过、看过、读过、学过无数理论，努力地想要改变，想要避免吼孩子。

比如：要善于发现孩子的优点，当孩子出现错误的时候，要控制自己的情绪，采取正确的教育方法，这样才能帮助孩子认识到自己的错误。而吼骂孩子是一种最无用的教育方式，不仅无用还有很大的副作用，很多科学研究都表明了，经常被吼骂的孩子容易缺乏安全感，会让孩子心理上形成恐慌、敏感、叛逆、自卑内向的状态，影响到孩子的身心健康……

无数的文章书籍也都在教人们：《不吼不骂教出好孩子》《吼，是对孩子最大的伤害》《教育不能靠吼骂》等等，这样的书籍相信每个妈妈都看过。道理她们也都知道。她们也像我一样，从心底来说也认同这些道理的正确性。她们也像我一样，也想做好，也在做着这方面的努力。也知道自己应该调整自己的情绪，应该对孩子更耐心……但就是无论自己怎样努力，还是无法掌控自己的情绪，无法给予孩子十足的耐心，甚至连"不吼孩子"好好说话，这个"小"目标都难以达成。

难道自己真的是个糟糕的妈妈？

至少我不会这么看自己。

任何情况下我都不会急于否定自己，而会先理解自己：先看到自己的现实状态，看到自己作为一个个体在成长起点上的差异。比如有的人出生就稳稳地站于平地之上，享受着阳光的温暖，而有的人却是用尽半生力气，满身泥泞地从深渊中爬出来，再跟跟跄跄地站立起来接受阳光的洗礼。

就"吼孩子"这个问题来说，对于有的家长只需要从道理认知上获得些了解，就能够在行为上有巨大改善。而对于有的家长来说，对"吼"这个行为，他们有着刻骨铭心的深刻体验，这是他们从小耳濡目染的"教育"模式，要想改变这些行为模式可能需要让自己进行天翻地覆的调整，不亚于一场灵魂深处的革命。

所以要做到不吼孩子，对有的父母来说并不是一个小目标。它看似是一个行为上的小转变，实则需要人格层面上的整体提升。而人格上的完善必然是长期工程。甚至有的妈妈在努力之后，因无法达成自己的期待，从而感到泄气，破罐破摔并承认自己就是个差劲的妈妈。或者是因为自己无法达到"不吼孩子"的标准而带来了挫折感。这种挫折感可能转嫁到孩子身上：我也想做个和颜悦色的好妈妈，都是因为孩子的不配合让我变成这副凶神恶煞的样子。从而形成恶性循环：本来是想要做得更好，结果却越来越糟糕。

循环与后果印证了：有些时候问题本身并不见得很严重，"吼孩子"并不见得绝对会带给孩子严重的伤害，而我们对问题的态度，对于自己达不到自己所设定的标准时所带给自己的心理压力，反而会对孩子造成的伤害甚至大过"吼孩子"这行为本身。

也许我与大部分会吼孩子的妈妈们最大的区别在于：既然这个行为是我目前克服不了的，那我就接纳它。同时试着选择换个视角来理解自己的行为。然后我也发现：当自己不把吼孩子的行为当作一个严重的问题，也不把它作为必须、坚决得改掉的错误来看时，这样轻松的态度反而更能促进自己的成长，自然减少了"吼"的频率。

我还发现：戒不掉吼，也没关系。吼孩子的妈妈，也可以做一个好妈妈。那么，如何在"不戒吼"的前提下，做个好妈妈？

在 PET 父母效能课程中有一个概念叫亲子情感账户：情感账户是对父母和孩子关系中相互信任的一种比喻。它将人际关系中的相互作用，比喻为银行中的存款与取款。存款可以建立关系，修复关系。取款使得人们的关系变得疏远。

比如我们在做一些关心或爱护孩子的事情时，就等于向孩子的情感账户里"存款"；如果在做损害孩子利益与感情的事情时，那就等于是从孩子那里"取款"。

所以我们可以在自己能量足够的时候多向孩子的情感账户中存款，如果孩子情感账户内存款数额足够大，即使我们偶尔做出伤害孩子情感的取款行为，也不会动摇孩子情感账户的根基。

同时我们还可以给自己"吼孩子"的行为重新做定义。任何行为只是一个动作。动作的意义其实是由人来赋予的。比如"吼孩子"这个行为，既可以把它解读为是妈妈的暴力，不理解不尊重孩子。也可以把它解读为是妈妈在有的时候没有使用，或没有更好的方式来表达自己，并不是妈妈想要伤害孩子，不懂得理解尊重孩子。所以在我们认识"吼"是自己难以纠正的行为模式时，便与孩子交流自己对"吼"这个行为的新定义：妈妈这么做，不是因为你不好或你很差劲，而是因为妈妈一着急就容易大声吼，是妈妈自己的问题，这个习惯也许妈妈无法短时间内改变，但妈妈想让你知道，"吼"不是妈妈主观上想要伤害你，如果妈妈"吼"的行为伤害到你，妈妈先在这里向你道歉……

如果忍不住吼了孩子，就做出补偿性动作来传递你的歉意，比如说我自己，在每次吼完孩子冷静下来之后，不管孩子有没有感觉到受伤，我都会对孩子感到抱歉与心疼。这个时候，我会做出一个行动来表达歉意。

比如：给他倒一杯好喝的水、牛奶、饮料，或者是给他精心准备一小份水果，也可以用肢体语言来做出补偿性动作……具体怎么做，要根据自己对孩子的了解来进行。

并且要提醒自己这个行为的意义是补偿性的。为什么要用行动？我认为用行动来传递歉意的方式给孩子和自己的感受会更深刻。也许还能呈现"一切尽在无言中"的默契感……

不建议使用语言来表达歉意，例如"妈妈对不起你""妈妈不应该吼你""我错了，请你原谅我"等等。有时候语言上道歉会强化孩子受害者角色的定位，尤其是经常性在语言上道歉，行为上并没有巨大转变的时候，孩子还会对你的语言产生不信任感，甚至是厌恶你虚情假意的道歉。

也别在自己愧疚的时候向孩子做出自己做不到的承诺，当我们想要改变一个行为，同时把目标设置得特别大的时候，这个目标本身带给人的压力就可能会形成问题，继而更难以获得好的结果，其结果往往是事与愿违。所以，换个方向来对待问题。虽然不能达到最完美的状态，彻底地改变自己的行为：不再吼孩子，但前面对行为的重新赋义，加上后面的补偿性动作，已经可以让"吼"这个行为对孩子的伤害性最小化了。这也就实现了我们的"小目标"，取得了一个初步性的进步。

当一个小的改变发生后，妈妈会有深刻的感受，孩子可能也会感受到妈妈的变化，慢慢地，这些感受也许会促进亲子关系进一步的变化。也许到最后，"吼"这个行为无论消除或是存在，都不再是一个问题了它是妈妈和孩子之间的一种"特别的"互动方式，一个外人看上去不那么文明优雅的互动方式。

与其教育，不如去爱

别和孩子较劲儿

苏格拉底曾经说过"教育不是灌输，而是要点燃火焰"。

所有父母都希望自己养育的孩子能够优秀，能够出色，能够掌控自己的命运。能够让自己的生命有意义，能够对这个社会有贡献。更是要能够让他有自己的主见，不人云亦云，不随波逐流。尊重自己，尊重别人，有同理心，有同情心……这一切教育，十分复杂，因为对孩子的教育并不能像一棵树一样，去浇灌一下，就可以长出我们想要的果实。而是要让我们的所言所行变成一个火种去点燃他们心中的火焰。

在李雪老师的视频号分享中听到了这样一个故事：有位心理导师想带着他的孙子去听音乐会，于是去买了一场音乐会的门票，票还挺贵的。结果可能因为现场音效比较震撼，这个五岁的孩子害怕了，他就跟他爷爷说："爷爷我害怕。"然后，爷爷就带着他离开了。爷爷离开之后对他说："孩子，我为你感到骄傲。当你感到害怕的时候，你能够及时告诉我，这太棒了。"这是一位真正把孩子的感受放在首位的爷爷。他没有责备孩子："这么贵的票都买了，怎么能不听呢？"也没有通过否定去说服孩子："有什么好怕的，再多听一会儿你就不会害怕了……"这位爷爷完全尊重事实，尊重孩子的感受。

孩子的同理心、慈悲心、同情心从何而来？正是从养育者对他感受的尊重上学来的。

李雪老师断言：视频故事里的孩子将来必定会是一个有同理心和同情心的成年人。我的生活也曾遇到过相似的情景，相比之下，我当时的做法真令自己愧悔。

那是第一次我单独带哥哥和弟弟两人坐飞机。上机前，安然无事。上机后也基本上是安然无事。下机后，麻烦来了。深圳机场比较大，下了飞机后需要坐几分钟巴士才能到达机场大楼，去出机口。要知道，锐一直都对坐大巴车、公交车、旅游车、等大型车非常恐惧。我不明白他的这种恐惧感是来自于哪里。那次在云南旅游的时候，我们四人买好票准备去玉龙雪山。上雪山需要先坐大巴车然后坐缆车。我还在考虑：坐缆车锐会不会不肯上去？没想到他对大巴车都极度抗拒不肯上。后面留下爸爸在山下陪他，只有我和哥哥两人上了雪山。下了飞机后，他一见所有人都上了大巴车，眼神都透露出惊恐之色，想要往后躲再回到飞机上。看到车后，大家都上了车，我也有点儿焦急，便没有耐心和他解释，强硬地把他抱上了大巴车。在车上他也一直死命地挣扎哭闹，我全身的力气都快被他耗尽。好几次他都冲到车门边上要去打开门，又被我捉回来了。当时我心里是这样想的："大巴车不过是几分钟，没关系再坚持一会儿下车了他就没事了。"

几分钟过去了，很快大巴车就到了机场大楼，我们也下车了。

可我的预想却是错误的。他不肯进机场大楼。一边拼命挣扎一边哭着闹着说要走回刚刚坐大巴车的地方。我很无奈，可是也没有什么办法。最后一狠心决定只能把他抱出去。于是把行李交给哥哥，自己做好准备，要把他抱回出机口，叔叔在那里等着接我们。看上去也没什么大问题，可现实是：刚刚在大巴车上他的挣扎已经把我的力气都耗尽了，我现在精疲力竭。现在还要把他抱出去，一个5岁多的男孩子，我真没有力气了。更何况他还拼命挣扎着要跑走，不让我靠近他。可是却也没有办法，又没有车可以坐，也只能半抱半拖往回走。一路上他又是哭又是闹，引得所有人都纷纷朝我们行注目礼，我自己自然也是疲惫不堪，两只手臂几乎都已被废掉了一般，强忍着把他带出去了。一路上还多亏哥哥帮我拖着行李，还又帮我强行抱着弟弟走了几米远。一共才几百米的路程，我们估计用了半个多小时，费尽了九牛二虎之力才把他弄到出口处，后面他也累了，叔叔抱着他上了车。在拖他出机场的这个过程中，我无奈得想哭，可没有哭的机会。这一切只能硬挺着，我都不知道这个过程是怎么熬过来的。

事后冷静下来，我在想：真的是孩子的问题吗？是孩子让我这么为难让我这么辛苦吗？

其实不是。

虽然孩子还没有学会使用口语表达自己的感受，但是孩子的眼神和肢体都已经在告诉我，他很恐惧。是我无视他的感受，是我为了省事强迫他按照我的预想来行动。如果我一开始就能考虑孩子的感受，不和孩子较劲把他强抱上大巴车，就不会有后面的那一幕。从飞机上下来，不上大巴车就陪着他走到机场大楼，又有什么问题呢？为什么不能顺着他的感受来呢？说到底，还是因为当初的我对孩子的感受并不够尊重，不能够重视。

尹老师说："不要和孩子杠，成人征服孩子是容易的，但要抹掉孩子的童年心理创伤则可能要花费几十年时间。"

后来我们走出机场坐上车之后，他一直都和我保持着距离，不让我再触碰他。他用他的方式表达着他对我的愤怒。我意识到自己伤害了孩子。也许对于他来说世界上最可信任最可依赖的妈妈都会如此粗暴地强迫自己，不仅让他愤怒更让他感到可怕。

现在孩子已经克服了对大巴车的恐惧，这种被强迫的体验有没有给他留下伤痕我不知道，但经历过的那些过程，我却是忘不掉的。过去的错误虽然是永远无法抹消，但这也已成为指导我到底该如何做妈妈的成长资源。如果说现在的我是一个有耐心的妈妈，其实是因为我有足够的体验：缺乏耐心往往会让简单的事情复杂化。如果想要更轻松地解决问题，耐心才是最好的选择。

同时也要强调做父母的我们需要时刻保持的一种能力：面对错误要自省而不自责。因为我们不可能不犯错。自省之后才会让你非常清楚地知道以后遇到相似的情境该怎么做是更好的。而自责是一种自我攻击，他会消耗你的能量，让人更加缺乏勇气面对错误。

而这一堂生活课给我的收获就是：永远不要想用外在的蛮力让孩子屈服。

而是要耐心地倾听孩子的心声，这看似麻烦，实际才是最省心、最容易的做法。不要想着借助自己是家长的权威，或者是借助自己身为成人的体力优势，压制孩子，强迫孩子，去做一件我们认为正确的事。特别是有特殊需求的孩子，有些举动在我们成年人看来莫名其妙，不知道孩子为什么抗拒。但是我们就算不理解，也不要和孩子较劲。

孩子永远惯不坏

有一句话是:"惯子如杀子。"只听听这句话,就让人觉得恐慌,觉得有一股血淋淋的杀气。但这句话却被许多父母奉为至理名言。似乎让一切都逆着孩子的意愿,才是对孩子最深的爱。

孩子摔跤了,哭了,"男孩子要坚强,自己爬起来,哭什么哭"。
想要妈妈喂饭,"这么大了得自己吃,不吃就饿着"。
被小朋友欺负了向妈妈诉苦?"自己去解决,不能什么都靠妈妈"。
外出走累了想让妈妈抱抱。"抱什么抱,有腿就得自己走"。

就算一个成年人,听了这些话是不是都会觉得很冷漠?会不会替这些孩子觉得委屈?但是这些家长们还觉得自己做得很有道理,还振振有词。他们挂在嘴边儿上的话就是:"不能惯着你,惯你是害了你!"

我相信大部分父母心里都是爱孩子的,可如果父母不重视孩子提出的要求,不重视孩子的感受(包括一些在你看来是无理取闹的要求),那么孩子就不会感受到父母的爱。

孩子心里的逻辑是:你不满足我,不顺应我的感受,就是不爱我。爱孩子,是要让孩子感觉到的才叫爱。你心里再爱孩子,孩子没接收到过你的爱,也就不叫爱。当孩子在"爸爸妈妈不爱我"的这种感受下长大。你想想就会知道这对于孩子来说是件多么可怕的事。

当然,这并不是在说孩子提出的所有需要父母都要无条件满足,而是想说不要冷漠地否定和拒绝孩子的愿望,即使不能满足至少也要带着同理心去给予孩子情绪上的接纳。

不过生活中更多的情况是妈妈想要温柔对待孩子，却往往得不到家人和伴侣的支持，反而经常会被指责，尤其是在孩子的学习或行为上出现了某些问题的时候，妈妈就成了身边所有人声讨的对象"看吧，你把孩子都惯成什么样子了？""孩子这样都是被你惯的。"我相信很多家庭都上演过这种戏码，引起了很多家庭矛盾。有力量的妈妈，就会据理力争，用事实加理论来证明不是自己对待孩子的方式出了问题。没有力量的妈妈，在这样的集体指责下可能就会坚守不住："可能真是我的错？""是我太惯孩子害了孩子？"

而我一直都是身边朋友中"惯孩子"的典范妈妈。
所以我想来说说，我是怎么样惯孩子的，有没有把孩子惯坏。

哥哥上二年级的时候，元旦放假前的一个周六本要补课，哥哥一听要补课十分不乐意，说让我给他请假，他不愿意补课。他对我说："现在已经上完课了，每天都是复习，天天都是读和做题。我在家复习也是一样，并且我还想明天多睡一会儿觉，好久没睡好过了。"我想了想，认为他说的有道理：对啊，既然是复习他在家复习也一样，为什么一定要去学校呢？既然如此，我为何不顺孩子的意呢？于是我也没有犹豫，给班主任老师发了一个信息请了假，老师不是十分赞同我的做法，但还是勉强准了假。

可以说，即使在传统教育制度下，因为他有着一位"惯"着他的妈妈，他也一直都享有着比较宽松自由的学习环境。成绩虽然普通，但他会主动完成自己的学习任务，有着爱求知的好奇心，有着爱阅读的好习惯……在我看来，孩子有这些就足够了。

再说说每天起床的事，天冷时孩子要早起上学，叫孩子起床，估计是很多妈妈们都头痛的问题。而我可以骄傲地说，我几乎从来没有为这个问题而烦恼过。为什么呢？原因在于，我每天早上准备好早餐叫他们起床，从来不是粗声地"叫"他们起床，而用的是"唤"。每天先在哥哥的脸上亲一亲，拍一拍，然后在耳边低声告诉他：早餐做好啦，今天吃的是什么。哥哥是个小吃货，一般说到吃，他就会来精神，心情也会很好，同时我让他伸手，帮他把两只衣袖套上去，然后他自己穿好其他的衣服。有时赶时间，我也会给他套上袜子，拿好鞋子。弟弟呢，就要麻烦点儿，弟弟的衣服每天都是我帮他穿的，帮他穿衣服之前还得在他脸上蹭一蹭，醒了，才开始动手给他穿衣服。动作一定得轻柔，要是一不小心让他哭闹起来可就麻烦了，哥哥上学就会迟到了。我每次都笑称，每天叫弟弟都不是"叫"醒的，而是"吻"醒的。并且起床的过程我都如同是双手捧着珍贵的瓷器一般，小心翼翼生怕打破。到现在基本上，他们每天吃完早餐进校门前，都是面露欢喜的，看上去一整天的好心情都有了。我有时候起晚了赶时间，只要叫哥哥起床，他也都能动作麻利地打理好自己，从不需要喊来叫去，每次都能很好地配合。有时候周末我想多睡一会儿，哥哥还能打早餐回来并叫我起床。

　　从这些小事中，我亲身印证了的是：如果父母多数时间都体贴照顾孩子的感受，孩子绝对是好说话的，非常愿意配合父母的一些要求。包括他自己的事情，孩子自己也是十分有分寸，会合理安排好的。我从来没有主动要求过孩子做家务，我也不考虑培养孩子爱做家务的好习惯。因为哥哥上小学了，玩的时间本来也不多，我不想让家务占用他的时间。一般除非他有兴趣参与，不然我都不会主动要求他做家务。收拾玩具也是，我们从来没有什么"自己的事情自己做"的规条。我有时间我来收，我有其他事，孩子有时间就他来收，都十分自然。同时他也十分有家庭责任感，只要有需要（扔垃圾、收衣服、晾衣服等）他能完成的，叫他动手基本上他都不会拒绝。从来不会出现叫孩子做家务却叫不动，或是讨价还价的情形。一切都很自然。

　　他7岁时，有一天中午我在午睡，睡醒起来发现外面在下雨，心想衣服准淋湿了。到阳台一看，发现他早已把衣服收进来放在床上，并把窗门也关好了。然而做完这一切他却还没打扰到我午睡。说实在的那一刻心中真是暖暖的。

　　还有，在周围朋友中手机是很多家庭中的"天敌"。父母监督孩子不让孩子玩游戏，孩子呢，也监督父母："你要我少玩手机，不给我玩你也不许玩。"

　　孩子和父母，你防着我，我盯着你。互相猜疑，互相防备，家庭关系竟然有剑拔弩张的火药气味。

在我们家，孩子有孩子的平板，我有我的手机。都无人监督，谁想玩就玩，不玩就不玩，都自由。每天晚上我们都会看会儿书再睡，有时候看完书躺下之后，我还想翻一下手机，但又担心影响到哥哥睡觉，就忍住了。哥哥看到了我细微的动作，对我说："妈妈你想看会儿手机就看吧，没关系，不会影响我睡觉的。你把手机亮度调小一点儿就行了。"一切都十分自然。有些时候，我真为孩子细腻的情感而感动。也很感恩，甚至有些不敢相信：我竟然会有这样暖心的一个孩子，这是生活给我的恩赐。

哥哥不仅个性淳厚友爱，暖心，独立自主，他还表现出来了越来越成熟的价值观，道德感和逻辑能力。不得不让我一个成年人都折服。很多时候，他都是我的老师，我真的从他身上学到了很多东西，明白了很多真谛。这就是我天天惯着的孩子。他被惯坏了吗？并没有。

未来会怎么样？我不知道，但我相信，从他的现在来看，他的未来一定不会差。

换个角度，假如我们不能相信孩子，我们就会生出各种各样的担心：给孩子请假两天不上学，就会担心孩子养成坏习惯，动不动就要请假怎么办？给孩子穿衣服喂饭，就会想：孩子以后生活不能自理怎么办？看到孩子不收拾玩具，就会想：以后养成乱放乱扔，不会做家务的坏习惯怎么办？看到孩子玩电脑就会担心，沉迷网络荒废学业怎么办？

事实上，想象与事实有必然的联系吗？并没有。有时候想象只是一种想象，仅此而已。

即使孩子出现了你想象中的问题行为，也并非因为你做了 A 所以导致的 B。不是因为你给孩子请了几天假，所以孩子不爱上学。不是因为你让孩子玩了电脑，所以孩子学业荒废沉迷于游戏。

现实中所谓被惯坏的孩子，大都在于父母用物质上的满足，替代弥补对孩子在情感精神上的滋养和陪伴。孩子精神上情感上没有得到过足够爱的滋养，他的生活是贫瘠的，心灵是荒芜的。一个心灵贫瘠荒芜的孩子又怎么会爱这个世界，爱他人？变坏确实很容易。

养育是一个整体，如果孩子出现某些问题，要从平常的养育行为中找孩子问题的根源。

不要让自己活在想象的恐惧中，是要看见孩子，看见事实本身。我永远相信，父母越能体谅孩子，孩子越信任父母。父母越愿意满足孩子，孩子越会同理对待父母。假如孩子变坏，一定不是被"惯坏"的。因为心中有爱的孩子永远惯不坏。

不能耽误孩子

为人父母的我们最难以承受的一句指控就是"你这样会耽误孩子的……""耽误孩子"这4个字的威力不可谓不大,有时候简直是重逾千斤。

就我自己所感受到的一些老师与机构,不夸张地说,只要掌握好技巧,所有的老师都可以用这四个字来改变父母们育儿的初心。

因为没有父母会心安理得地让自己成为一个耽误孩子的人。所以大部分父母在这种焦虑的驱使下都会选择必须得为孩子做点儿什么。当朋友、家人尤其是具有权威性的老师对我们的养育方式,提出"你这样做会耽误孩子"这种质疑的时候,很少有人能够定得住神,能没有丝毫慌乱,再理智的人,也难免会对自己的养育方式有过动摇……包括我自己。

我也曾因为有朋友对我说出这句话而心怀忐忑,心神不宁了一段时间……

身边的一位妈妈,家里女儿7岁了,孩子在没有上培训班之前跳舞都跳得很不错,后来妈妈和孩子商议,是否愿意上舞蹈训练机构去学,女儿同意。于是妈妈就给她报了一个舞蹈班,一段时间以后,孩子觉得太辛苦了,不想继续跳下去。妈妈本来打算孩子想跳就让她学,孩子觉得辛苦不想再跳下去也没问题,愿意尊重孩子的意愿。后面她与我聊天的时候说起,老师跟她谈了:"孩子很有跳舞的天分,你如果随着孩子的性子,孩子说辛苦就不跳了,就是在耽误孩子,可惜了她的天分……玉不琢,不成器……"所以她后来改变了对孩子的态度,她认为老师说得很有道理,她也认为为了使孩子发挥出她的天分,自己身为妈妈有责任帮助孩子坚持下去,并认为严格要求的时候还是得严格要求,此后,孩子一直都是在半逼半哄的状态下去上跳舞课的。但是因为孩子心理一直是抗拒的状态。舞蹈课的效果并不好。亲子关系也受到了影响。

说到这个事例我想表达的并不是这位妈妈不该逼孩子。我想说的是身为父母的我们一定要有自己的方向，要有自己的主见。不能像墙头草，风一吹两边倒。你可以选择逼孩子，但要知道自己要的是什么。你选择听从孩子的意愿，也要知道自己为什么这么选择。要想清楚自己的选择会得到什么，会失去什么，明白利弊与得失。

再来看一看老师对这位妈妈说的话："玉不琢不成器"在教育上很多人都会拿这句话来说服人，因为这句话从道理上来讲的确是无懈可击的，可谓百试百灵。

上次去学校谈话时，老师也对我说过这句话。让我们仔细去琢磨一下这句话："玉不琢，不成器"。然而你如果跳出老师给的语境，从另一个立场来看这个问题。

玉雕琢了就一定会成器吗？不尽然。

首先要保证的是，你拿到的是一块玉，而不是一块石头或者其他材质的东西，这需要你对"它"有充分的认识与了解后才能做出客观判断。再来看让"玉"成器的方式是"琢"，那又如何确定自己或老师所采用的方式是在"琢"玉，而不是在破坏玉？这样的雕琢，会不会对"玉"造成一定的伤害？

另外一个问题是：人毕竟不是一块玉，人是血肉之躯，是有思维，有感情的。虽然要想成器的确需要细致的雕琢，但在雕琢的过程中，作为人的感受非常重要。

很多父母在养育孩子的时候都"宁肯多做多错，也不愿意少做了什么"。尤其当有人对我们说："孩子因我们少做了某些事而不能更优秀"，"因为自己的不作为而耽误了孩子天分的发展"时，更难以承受对自己的自责。当我们为了做而做的时候也顾不得去想一想：用现在对孩子的逼迫，用孩子的委屈和痛苦，一定能够换得他们将来的成就吗？这成就是值得的吗？

我作为一个妈妈虽然也同样希望孩子成人以后能有所成就，但我更想要的是这个成就用他自己喜欢的方式来实现。对于我来说，如果不是他自己想要的，是在我的逼迫下而实现的，那么再大的成就也失去了意义。

这些获得的成就只能算是对孩子曾经付出的委屈、泪水、汗水在某种形式上的补偿……即使最终孩子能"功成名就",他所付出的代价是否能够补偿得回来,还得两说。

很多父母在自己的生活中体验不到美好,便把当前的生活当作为未来的某个幸福时刻的准备,把自己当作实现某个限定目标的工具人,于是把自己的孩子也拉进同样的生活模式。很多人最擅长的就是一边逼迫着孩子,一边自我感动着:"我有多么伟大无私,在孩子不理解的情况下……我为了孩子的未来,承受了多少的误解与怨恨……"却没有想过随风飘摇的自己,做得越多可能错得越远。所有的"为孩子好"也不过是自以为是。

曾经有家长问过我这样一个问题:我不想逼孩子学这学那,但是担心耽误孩子,孩子将来埋怨我怎么办?我的答案是:我心甘情愿接受他的埋怨。

不逼孩子是我的选择。不是为了心疼孩子辛苦太累,不是因为从长远来说这样更能成就优秀的孩子,也不是为了躺赢。而是跟随自己内心对教育的理解与个人价值观倾向所做出的选择。我相信,作为一个真正把自我负责的态度落实到了点滴生活中的家长,如果我的生活态度没有影响到我的孩子,没能让他学到什么叫"自我负责",以至于在他长大之后埋怨"在他小的时候没有逼他一把"。这也仍然是我的过错。一定是我做错了什么才会丧失了自己作为家长对孩子具有的影响力。若因此被孩子埋怨甚至惜恨,我也不委屈,这是我该得的。

作为妈妈我跟随自己的教育价值观做出的选择,也愿意为自己的选择结果负责。

养育中的长短之道

现代教育科学重视多方面均衡发展,面对孩子明显可见的短处和弱项,作为一个负责任的父母应该积极行动起来去帮助孩子成长。语言交流能力欠缺就应该帮助他去提高语言交流能力,社交意愿与技巧的欠缺自然也要想办法促进意愿和改进技巧,如果父母不擅长,在有条件的情况下可以把孩子交给更专业的行家(专家、老师)去指正提高……从普遍认识上来看,这的确才是负责任的家长该做的。

而我的所作所为也确实是在逆向而行:对孩子明眼可见的"问题",却是抱持一种"无为"的态度,或者说做得很少。在别人看来这有些消极,不是积极进取的态度。

但我却并不认为自己是不负责任的家长。因为在我"无为"的背后必定是因为已对这些问题有了自己的答案。

孩子明显的不足之处,作为妈妈我时刻都在面对着,如何能淡定到置若罔闻呢?又是如何理解孩子的这些问题(比如沟通能力上的欠缺)呢?

每次在看到、谈到或提到"父母应该帮助孩子去提高他不足的地方"这种态度时,我就会想到一个经典的心理学理论"木桶定律"这条定律的粗略解释是:一只沿口不齐的木桶,盛水的多少,不在于木桶上最长的那块木板,而在于最短的那块木板。

这条定律的结论是:"短板"是影响整体水平的关键因素。
如果要想提高水桶的整体容量,不是去加长最长的那块木板,而是要把最短的那一块给补起来。木桶定律的另一种说法也就是取长补短。
把这条定律应用到个人的成长上来,就是提倡:找出人生"短板",克服个人的劣势，纠正你的人性弱点。

取长补短，把劣势转变成优势，只有这样才能避免因某种缺点或弱点限制自己的发展空间。应用到孩子的教育上来就是：学习的各科成绩犹如一个大木桶，每一门学科都是这个木桶的一块重要木板，如果想要孩子获得全面均衡的成长发展，光学习好也不行，动手能力也要跟上去，运动能力也不能忽视，沟通能力表达能力……哪一项不重要？每一项都很重要。

总之，每一项能力都如同是一块木板，根据木桶定律的原理，每一块木板都不能短缺。很多父母老师们所做的教育工作就是去帮助孩子发现他哪一块板短了，然后着重帮他把那一块给补起来。

也正因如此，所以众多父母们兴叹：养育孩子不容易、教育的难也都在这里。

的确，"取长补短""人要克服自己的弱点""突破自己"……这些理论理解容易，口号喊出来也简单。但要想把它实现却万分不易。

因为每一次"补短"行动都如同是一场没有硝烟的战役。补自己的短，是一场个人内部的战役。补孩子的短，是一场父母与孩子之间的战役。我相信没有人愿意把生活活成一场战役，炮火连天，硝烟弥漫。无论是和自己的短板作战，还是和孩子的短板作战。既然"木桶定律"的践行这么难，父母到底该如何做？

难道这条心理定律是错误的？其实并非如此，木桶定律本身是具有一定适应性的。

比如在团队协作中木桶定律是成立的，但它并不适用于个体生命的成长，更不能把它套用在孩子的成长中，以此理论来要求孩子的全面发展。其实已经有无数事实告诉了我们：并不是只有把弱势的地方、短板的地方补起来，一个人才能获得成功幸福的人生。不必去取长补短，我们应该做的是帮助孩子：扬长避短。

"因为每个人的天赋秉性、优势领域都不一样。每个人也都会在某些方面有潜能优势，帮助孩子去创造发展他潜能的机会，才是父母应该做的。"这也是王人平老师表达过多次的观点。作为父母我们不应该去要求孩子把精力用在他们不喜欢或者是不擅长的事情上，父母真正应该做的工作是去了解孩子，帮助孩子认识自己，让他们有机会在某些领域做到极致，从而成为不可替代的人。

其实，如果我们能够发现孩子的天赋所在，并能帮助其提高，结果就会是：不必去攻克他的短板，当优势领域获得提高，其短板也必定会随之提高。相反，遵循木桶理论，去帮助孩子取长补短，用数倍的精力也不一定能够把短板给补起来。即使最终能够把短板补起来了，大概也只会让其成为平庸之辈，犹如盛水的木桶。

我一直有个美好的设想：在对待孩子的问题上，如果每位父母都能够遵循扬长避短的理论，相信每个孩子都有很大可能成为他自己感兴趣领域的成功者。因为我相信，一个人的人生高度，是可以由自己最长的那块木板来决定的。只有学会扬长避短，你才能成为独一无二的自己。我们不要跟自己的短板较劲，父母也不该跟孩子的短板较劲。

周国平老师说过这样一段话："所谓培养孩子，决不是把原本没有的某种品质从外部植入给孩子。父母的责任是做一个细心的观察者，在充分掌握孩子固有特征的基础上，用优点来制约弱点。发扬本身的长处便是抑制其短处的最佳办法"。

作为父母，你是和孩子看得见的弱点做斗争，还是愿意去静下心来发现孩子的优点，这两种态度上的区别，简单来说就是"扬长避短"与"取长补短"之间的选择。

或许有的父母会认为：可以不追求完美，不要求孩子全面发展。但人际交往是孩子以后步入社会不可或缺的一项能力。缺乏这项能力以后将如何适应社会呢？其实，人并不需要去适应社会。"适应社会"本身就是一个伪概念。因为一个人的社会生存能力并不在于如何去适应，而在于他是否具有社会价值，他是否具有某种难以替代的能力特长……帮助孩子成为不完美但有特长，有核心竞争力的人，才是父母们至高重要的任务。

扬长避短的道理相信多数父母都能够理解且认同了，但做出这个选择最大的考验不在于父母的认知水平，而在于父母的勇气。父母是否有勇气帮助孩子去走一条属于他自己的路，而不是闭着眼睛追随多数人所走的那条路。勇气决定了你的选择。再回到最初探讨的地方，我的答案就是：当我们在思考孩子的某个问题该如何解决之前，首先要问一问：自己是如何看待这个问题的。这个问题它到底是不是一个问题，又或者它是如何成为一个问题的？把这些想清楚了，下一步才是思考如何解决问题。

在孩子的养育上，我的观点是：没有有问题的孩子，只有拥有错误认知的或不理解孩子的父母。

与其教育，不如去爱

家庭不是学校教育的延伸地

教育问题是现代父母最关心的一个问题，对学业上的教育尤其如此。说到学业，我还想起了我们这一代小时候下课后做作业的情形。我在上小学的时候，没用父母接送过。都是早晨呼朋引伴地和同学们一起去上学。我记得那时候上学的早晨，天还只是蒙蒙亮，月亮还没有退尽它的月光，一群背着大大书包的小孩子，已经走在蜿蜒的乡间小道上。下午放学以后，我和小伙伴们也不是都马上回家，而是互相结伴，三三两两地集中到某个同学家去做作业。那时候的父母几乎不管我们的学业，而是任由我们互相结伴在一起做作业。那是我童年中记忆深刻的美好时光。到我们也成为父母以后，教育已经变了另一个模样，家庭教育变成了重中之重。

曾有朋友和我说起她上小学四年级的女儿。她说最近孩子班上的班主任老师在群里发了一条信息给全体家长。她把信息发给我看了，老师信息的内容是："最近有些同学的周末作业，完成质量很不好，做题不认真、写字潦草等现象屡屡出现。对于孩子的教育，家庭教育是关键。对作业的督促、监督、检查不应该是给老师和孩子的一句空头承诺。是孩子们需要你们家长的监督和检查……"

老师在信息里还说："家校合作不是一句口号，也不应该是一句不履行的承诺。教育需要学校和老师，更需要家长。当孩子脱离学校的管理，就会放纵自己，这时需要家长们'出手'，需要你们付出，如果没有家长的后续教育，学校、老师的付出短短两天内就能划归为零。希望家长们，把孩子的成长和教育放在第一位！"

看到信息我有些震惊，还感到一些庆幸。庆幸的是到目前为止，我并未收到过学校发来的这类信息。这条信息让我"认识"到，原来，老师的工作不只是教授孩子学习知识还包括了指导家长如何做一位"好监工。这位老师，看上去真是一位十分"负责任"的老师，也许这样的老师可能还很受家长的欢迎：这样的老师"严格要求学生，这就是负责的精神。"

这也许是很多家长们的共识。可能这位老师他自己也真心是这么认为的。不然从信息里传递出来的态度不会是这么铿锵有力，义正词严。简直是"恨铁不能成钢"，同时我也相信，这样的老师并不在少数。

可是，这真的叫"负责任"吗？

估计这位老师自己并没有真正地区分清楚老师的责任是什么。

事实上，老师的责任就是：提升自己的授课水平，解答学生不懂的问题……这才是老师的工作。

学生对学习的兴趣和方式，家长对孩子学业的态度，这都不该是老师监管的地方。甚至学生是否认真听课，会不会按时完成作业也都是学生自己的事。

如同作为一名主妇，做好美味的饭菜或许是你的工作，但丈夫孩子们吃不吃，是他们自己的事。而你总不能硬塞进他们的嘴里，要求他们吃下去，才算是"负责任"吧？主厨人需要根据家人的反应来调整自己的厨艺，这是必要的。

作为医生，治病救人是你的工作，但如果患者不愿配合那医生是不是该强行为其治疗呢？是不是要求家属强行按住患者来配合治疗呢？理由还可以很充分：为了患者的健康。

我相信不会有这样荒唐的事。

但同样的逻辑放到老师与学生的关系上，为什么会有这么大区别呢？我想这源自于我们的社会环境、大集体，一直都是没有界限概念的。总容易对"别人的事"背负着不属于自己的责任感，甚至把自己推上"神"的位置，认为自己需要监管一切。不能意识到自己，即使作为老师，也不过是一个平凡的"有限责任人"。

上面这位老师的行为已经严重地逾越了本职工作的界限。可悲的是这种越界，不仅老师们没有觉得不妥，连家长们也没有觉得有什么不对。同时这种现象并不是个别的。老师要求家长做自己的监工已是常景，甚至把这种形式等同于现代教育领域所推崇的"家校合作"。在这里，并不是在指责谁，任何一种现象并不是某个人或某些人造就出来的。如果说老师的这种行为是"越界"，那也是家长们愿意配合，加上环境的助力而形成的互动模式。

这位老师也提到了家校合作这个概念。

只是在谈家校合作，家庭教育之前，我们要了解什么是家校合作，什么是家庭教育。

也许这位老师自己也不一定真正了解这两者的意思。

家校合作的概念是"老师和家长建立起伙伴关系，发挥各自优势，所形成教育的合力"。但其基本前提是：家长、老师，各司其职。因为任何一个社会角色都有其特定的角色规范，在育人的共同目标下，家长和教师的规范是不同的。教师主要教孩子文化知识，家长的任务是教孩子适应生活的基本技能和给予孩子发展个性特质的空间，家长把学习之外的各种社会知识，让孩子通过参与的形式学习并掌握。

比如说现在每个班上都有的家委会，就是家校合作的一种表现形式，是更深度的家校合作。就现在情况来说，它还是缺乏切实可行的基础，多年来学校、老师在教学中都处于"一言堂"的状态，家长们也习惯了服从，习惯了由学校来解决各种问题，缺乏参与意识和参与能力等更深入的家校合作。这些问题都不是短时间内能得以改善的……同时，那位班主任老师还说"家庭教育是孩子教育的关键"。但我却认为他自己并没有真正理解什么是家庭教育。反而走进了这个常见的"家庭教育误区"：把家长当作自己的助教。

家庭不是学校教育的延伸地

在现实中越来越多的时候，家长和老师的角色界限都很模糊。家庭几乎成了学校教育的延伸地，家庭教育学校化的现象也很普遍。很多老师和父母都把家庭教育理解为"家庭学习"，把自己当作老师的助教和孩子学习的拐杖。完全没有意识到家庭教育应有的功能和真正的价值。

有的家长，一心追随学校，把家庭变成了学校的第二课堂。父母的任务便是盯着孩子写作业，给孩子出题目，检查作业，奔波于培训班中，甚至把孩子的学业成绩当作检验自己作为家长是否合格的标准。好像只有这样才能算得上是负责任的家长，才算得上是好的家庭教育。上面这位老师对家庭教育的认识也是如此。在对"家庭教育"概念这样的认知下，这位班主任老师的要求似乎也很合理。

让我们想一想，一个孩子的学习成绩关系着孩子未来的升学，升学又决定着以后的工作前途，每一个对孩子负责任的家长，怎么能不在意孩子的学习成绩呢？怎么能不配合老师，监督孩子认真完成作业呢？毕竟老师所做的一切，所要求的一切，都是为了你的孩子啊！于是在家庭中父母和孩子的谈话主题也都是围绕着孩子的学习和学校的事情而展开，孩子的学习成了父母与孩子互动的主要内容。

也许有些父母对于自己角色的错位显得很无奈，我的这位朋友也是这样无奈的态度。他的理由在于陪孩子做作业，做完作业要签字是老师的要求，有些要求即使知道不合理，但大家都这样，他也只能这样了，没有办法，只能无奈忍受并配合。

我不能理解这种无奈，我认为一个成年人应该有自己独立的判断和行为准则。老师说的也不一定都对，也不是必须都要听。孩子是自己的，父母要负起主要责任，这需要做父母的内在有力量去坚持自己所认同的价值观、教育观。不必去迎合其他教育，不必以教师教学生的标准作为评价自己孩子的标准，应该去做身为父母该做的。

同时，在面对这些问题时，父母所表现出来的态度和行为，对孩子无意识所产生的影响，也是家庭教育的一部分。不少家长对孩子的学习辅导并不"在行"，只能硬着头皮上，结果还吃力不讨好，劲儿也使不到点子上，教育效果适得其反。毕竟大多数家长并不了解教学方式和内容，只能是强己所难，力不从心，产生了挫败感往往还会转嫁到孩子身上，对孩子失去信心，从而形成了一个恶性循环。

在家父母盯，在学校老师盯，都紧盯着孩子的学习，陪孩子读，陪孩子学，这样做也许在短时间内确实会换来孩子学业成绩上的优异，但由于放弃了家庭环境的营造，在孩子内在的培养方面会使他们失去了成长的根基，缺乏可持续发展的内在力量。

所以，如果真正重视孩子发展的家长，还需要回归到家庭教育的本质上来，去关注孩子的精神成长，家长和教师在孩子的教育上，应该各尽其职。

当然，我所表达的这些并不是说家长不该或不能辅导孩子学习，该不该、要不要辅导，应该要以孩子本人的需求为中心。同时作为家长要分清楚责任的主次。不以单方的意志来开展自己的家庭教育工作。

同时身为家长的我们要谨记：家庭教育的首要任务是让自己的孩子成为一个身心健康的人。

学校教育很难细致地关注到每一个孩子。父母如果能把紧盯着孩子课堂学习和书本学习的精力转移到家庭和自己身上来，把心力用在认识自己、理解他人、洞察本质、把握事物的发展规律上面，那家庭教育已经是事半功倍了。

因为决定我们教养方式的，不是那些育儿"方法"，影响家庭教育成败的，也不在于我们的说教。而在于我们自己是什么样的人，包括我们的信念、价值观和行为准则，这就是家庭的教育核心。一些父母恰恰忽略了这一点，眼睛只盯着孩子却感叹孩子不好教，教育孩子不容易。家庭教育不能只盯着孩子，更不能只盯着孩子的学习成绩。如果希望自己的孩子能更好地成长，要先从自己着手，从自己所营造的家庭着手。学校教育有学校教育的使命，家庭教育也有家庭教育的价值。作为家长，不要一边抱怨学校教育压抑了孩子天性，一边心甘情愿成为学校课业教育的助理，回家继续给孩子施压。

家长某些方面需要配合学校和老师，但家庭却不能成为学校教育的延伸。

正如周国平所说："学校教育虽不尽人意，但我们家长需要做的就是尽力让孩子拥有一个幸福的童年，保护他的天性不被今日教育体制损害。"

父母应该创造适合孩子成长的家庭环境，营造出和谐的亲子关系，使自身的行为尽可能地有利于孩子的健康成长。父母的所作所为将在孩子的内心深处沉淀下来，成为孩子这棵小树的根系。家庭和父母应该在根系需要营养时给予充分的养料，让孩子把根系长得茁壮。这样孩子将来才能在社会中有足够的底气，有足够的力量，迎接将来人生中的一些风霜雨雪。

当孩子被留校

屈原说："日月忽其不淹兮，春与秋其代序"，恍惚之间，我已人至中年。随着孩子的长大，生活也在不停变化。在我身边绕来绕去的小娃娃，也变成了背上书包一本正经的小学生。

学校平常都是 5 点前放学，有段时间孩子都到 6 点左右才出来，回到家差不多都 7 点了，不是因为堵车，而是因为被留校。原因是老师布置的背诵课文的作业他没有完成，被留下来背课文。

早上他在上学之前就提醒了我，放学后他会被留下背书。在说这句话的时候他面色坦然，和平常提醒我他要值日没有两样。我也轻松地向他表示明白。"孩子被老师留校"我想会是很多小学生父母可能会遇到的事。作为孩子的父母，我们都可以想想：自己是如何理解孩子被留学校的事？对这些事情会有什么感受？又会以什么样的态度来面对这样的事情，基于什么样的理由选择这种方式来面对这个问题？这都是值得我们去思考然后对自己给出最诚实的答案。

因为这些答案不仅关系到孩子的教育，更是可以从这些思考中一点点地认识我们自己。

先来说我自己的答案：孩子被留校对于身为家长的我来说不是问题。但我发现，很多家长对孩子留校这件事情是介意的。现在越来越多的家长都不能接受自己的孩子被留校补作业、背书、改作业……

理由有很多：耽误自己时间了，接完孩子回家还得做饭，让孩子留校伤害孩子自尊了……

网络新闻中有一位爸爸，因为老师在放学后让孩子留校背课文，爸爸怒气冲冲地到办公室去质问老师，然后拽着孩子就回家了，理由是：饭点到了，不能不吃饭。身体更重要。

这位爸爸的做法是不是真正关心孩子的身体不能确定，但能确定的是爸爸对孩子被老师留校这件事是愤怒的。就一般情况而言，我认为老师让孩子留校这件事情是没有什么可反对的，也没有任何不满。毕竟这件事消耗的不仅是孩子和家长的时间，更是老师自己的时间。不是有特别的情况，老师也不愿意做这种让双方都受累的事。

即使老师让孩子留校背课文对孩子来说是有些惩罚的意味，也可能会让孩子感到羞愧，我也依然支持老师的决定。因为对于孩子来说，这是他在假期没有完成作业，回到学校后会面临的后果，是他事先有预知的。这让孩子学习到的就是：承担后果。

和学校孩子相关的任何事，只要老师的做法基本公平合理，我作为家长不会有反对意见，愿意陪孩子一起接受老师的安排。花时间等待孩子就是我在陪孩子一起承担未按时完成作业所产生的后果。作为家长我既不会一味地维护孩子和自己的立场把老师视为敌对方；也不会站在老师的立场一起去压制孩子。

孩子被留校背课文让我想起自己小的时候，也有过被老师留校背书，补作业，改作业的经历。对于我来说被老师留校并没有多可怕，"回家晚了该如何向父母交代"才是最可怕的事。现在我自己成了妈妈，所以我绝对不会再给自己的孩子制造这样的恐惧和不安。

当孩子知道自己要被留校之后，他的内心也不会是轻松的，不仅要承受着学习上的压力，如果一想到自己被留校回到家之后还会受到父母责骂，更会因满怀恐惧而无心学习。

家长为什么会对孩子被留校的事情难以接受呢？真实原因我认为并不仅是在于自己时间被浪费了，耽误自己回家做饭了……这些字面上的理由。

实事求是地说，最难以接受和面对的是丢脸，是没面子。因为这可能意味着孩子学习不认真，意味着自己的孩子比别人的孩子差，自己教育无方……

诚实地问问自己：在谈到孩子被留校，我们的第一感觉是什么？有没有下意识地给被留校的孩子贴上"差生"的标签？

很多人会把孩子被留校这件事都与惩罚联系在一起。从内心来说我并不认为老师让孩子留校是一种惩罚。一个人对一件事会产生什么样的感受，区别就在于自己给这件事情赋予怎样的意义。同一件事每个人的感受不一样。如果我们对这件事是以单纯，没有评判的态度来看待。那么孩子自然会以父母看问题的方式来解读事件。他也同样不会对被留校这件事情有评判，更不必担心有所谓的孩子的自尊心会被伤害。只要父母在日常的生活中没有经常性对人对事满是有意无意地评判，那么孩子的自尊也就不那么脆弱。

如果去掉了这些内心的评判，孩子被留校背书也好，补作业也好，都是一件非常简单的事。没背完的课文在放学后继续把它背完。没有写完的作业在放学后留下来把它补完，有什么问题？

当孩子被留校之后，很多父母或许会认为"即使自己可以不被留校这件事而对孩子有情绪，但被留校总归不是一件好事吧，我们得帮孩子想办法如何避免才好吧？这也应该是负责任的父母应该做的吧？"根据PET沟通法则中的问题归属原则：在任何时候，遇到一个问题不要先急着去解决，而要先分清楚事情的归属。

这是我们的事还是孩子的事？

对于我来说：被留校的不是我，而是孩子。我的事情是需要等待被留校的孩子。等待这对于我来说不是问题。至于被留校的孩子，如果他认为这是一个问题，那么也该由他去思考应对的方式。或许我们可以给他一定的建议或分享。但一定要分清楚：事情不是父母的，是孩子自己的。

"这个事情到底是不是一个需要解决的问题，如果是问题具体又该如何解决？"都应该是由孩子来决定的事。父母如果模糊了事情的归属，逾越了自己的界限，这个时候好心的帮助就成了干涉，自以为的负责就成了控制。看到一个问题的存在，让父母行动起来去做点儿什么事很容易。以父母的智慧一定有十种八种的解决方式，来帮孩子解决背课文的问题。

但如果反过来，让父母什么都不做就这样眼睁睁地看着问题的存在，是痛苦的。

在这种情况下，仍然保持尊重孩子的意愿，去了解他需要我们做什么，不需要我们做什么，是很难的。而这样的时刻，检验着父母的养育品质。

而只有了解，才能淡定。

再进一步解读，如果真正想要帮助孩子解决问题，那么先需要了解为什么。孩子因为背课文而被留校，我们要做的并不是在以后的学习中紧盯着孩子背课文的事，以此来解决问题。而是要去了解为什么？孩子在背诵课文的事情上遇到了什么问题？是学习能力问题，还是学习动力问题，或是时间上的问题？

为什么我能够不急不躁的耐心等待，能够定下心来把属于孩子自己的问题交给他自己来决定，就是因为我了解自己的孩子。我对孩子的了解，也正是孩子对自己的认识。

正如有次聊天时孩子对我说的："妈妈，我觉得自己对学习好像还没有开窍。"这真是一句既诚恳且又准确的自我认识。

对于小学生，我们不能以分数来判断孩子的学习状况。考了高分，也并不代表孩子学得很好，考试的分数低，也不一定就是学得差。这需要从孩子平常的学习状态来分析。说实话，听到孩子对自己的这句评价，我感到非常欣喜。因为比起学习成绩，孩子能够对自己有准确，不失偏颇的自我认识，才更加了不起。记得我当时给他的回答是："不着急，我们一边学一边开窍。"可能有些人说的是对的："孩子的学习需要父母给予一定的压力才能够有更大动力。"但我不会这么做。不管是学习，还是其他方面也好，我愿意等待，等待孩子按他自己的规律成长。所以我也可以骄傲地说：孩子成长的每分动力都是发自于他自己内心。

我一直都坚信：学习与成长不仅是一场长跑，更可以说是一辈子的事。只要意愿在，能力的提升就没有问题。任何人想要真正有所成就，依靠的一定是源自于自己内心的意愿和动力。这一结论，在我自己身上也得到了充分的印证。依靠着父母的推动来成长的孩子，可能在小的时候看不到有问题，但年龄越大越容易陷入到对自己未来的迷茫中。所以，我知道我此刻等待的并不是背诵课文的孩子。我等待的是孩子的成长。

我会等待他按照自己的节奏来学习，也尊重他自己选择的学习方式。或许我也会分享我的建议给他，但会以平等而友善的态度来分享。并且最终的选择权一定是在孩子的手上。

如果一个孩子经常被逼迫着做他自己不甘心情愿做的事情，时间久了，孩子内心的方向，必然会是迷失的。他不会知道自己真正想要的是什么，也无法真正认识自己是谁。

从人生意义这个大课题上来讲，"认识自己"才是我们一生最重要的功课。再往深了说，如果把孩子比作花朵种子，我认为区别不只是在于每个孩子的花期早晚，更是每个孩子成长所需的土壤也是不一样。有的孩子在学校这片土壤上就能够很好地生根发芽，但有的孩子可能就不是太适合。这就是事实。但这并不是孩子的错。

如果要求老师去对每个孩子因材施教，按照每个孩子的成长节律去教育，也是不合乎现实的。但父母可以。不要说完全做到因材施教，遵照孩子自己的成长规律，但至少我们可以为孩子保留一片自由成长的空间。

很多父母在家长群里也会抱怨说：现在的孩子的确是不容易，太辛苦了。这也说明，很多父母都已经意识到现有教育模式的问题所在。但我们为此做了些什么呢？所做的最多不过是一边抱怨当下的教育，一边推动甚至强制要求着孩子去配合。

这其实也是人性的弱点：在一般情况下，人都会选择跟随主流步伐，做最安全最容易的选择，而不会做出自己认为对的选择。也有很多父母挂在嘴边的一句话就是："现在教育环境就这样没有办法……"其实我们并非是没有办法，我们是有选择的。

我们也可以做出我们逆流而上的决定，只是做出正确的选择需要勇气和智慧，关键在于我们愿不愿意去为之努力。那些时刻，我在等待孩子的同时，也想着自己的心事：把时间线拉长去看，如今我耐心等待他的这些时光，会不会也成为孩子长大成人之后回忆中被爱、被接纳的证明呢？如果我们能够认识到自己给予孩子的等待，并不是在等待他做一件事情，而是在等待他的成长，你愿意给予他更多的耐心吗？

我相信大部分的父母都会愿意的。如果他们能够真正地理解自己所做的每一件小事与孩子的成长之间有这么大联系的话。养育孩子，父母需要具备的条件有很多，但最最重要的就是父母对孩子的耐心。

谁都知道养育孩子不是我们今天播下种，明天就能开出花，后天就能出结果的事。

孩子的成长很多时候都是缓慢而又无声息的。只有真正拥有长期主义生活态度的人才能成为合格的父母。选择做教育的长期主义者必然是有耐心的人，他们能用更长的时间跨度来看待孩子今天的行为，放远目光展望孩子未来的人生，对待孩子的态度上自然就会少一些焦虑多一些耐心和从容。

教育不能是投资

近几年我国的经济水平也发生了翻天覆地的变化。各种新鲜的词汇层出不穷，让人应接不暇。每个有经济意识的人也都有了投资的行为。这其中有一种区别于普通金钱的投资，闯入了大家的视野。在这几年时间里热度空前高涨，大家像恍然大悟才发现一样，开始注重这种投资。它犹如一夜春风来吹醒了人们的投资意识。那就是教育投资。

我们经常会在文章中读到，在生活中听到这些话："事业上再大的成功，也弥补不了教育子女的失败。""教育，是最好的投资"……很多教育机构和教育行业的老师喜欢用这些话来给家长做思想工作。他们还会说："当你的财富到一定程度的时候，也许有一天你会发现，再好的房子也只是拿来住的；再好的衣服，也只是拿来穿的而已；再好的生活，贫与富，不都是一样活了这辈子吗？可是如果你培养教育出一个优秀的儿女，金榜题名，出人头地。那将是你一生的荣耀，也是最大的成功。相反，如果教育出一个不争气的孩子，你再多的成就也都是白搭。"

所以，孩子的教育投资，才是最好的投资。

当我们在初听到这些话的时候可能也觉得还挺有道理，好像是这么回事。其实就这段话的核心思想"要重视对孩子的教育"是没问题的。但这些说法却很不对劲儿：难道父母对孩子所有的投入只是为了培养优秀的孩子，将来能够金榜题名，光宗耀祖，出人头地，成为自己一生的荣耀？什么叫优秀的孩子？优秀是由谁定义的？父母现在对孩子所有的投入是为了换取将来的荣耀和光环？是为了让自己的财富不缩水不贬值？是为了孩子将来能守住自己打下来的江山？难道父母只是为了觉得这样才能对得住列祖列宗？难道这就是"投资孩子教育"的目的？

教育不能是投资

做一件事情，如果没有清醒明确的目的，就不可能有恰当的实现方式。

当然，"教育，是最好的投资。"这种说法也不能说完全不对，但是却把养育孩子这件事归到了功利性的目的中，这让孩子和父母之间的亲情又情何以堪呢。

因为站在商人的立场上来说，教育是以盈利为目标的项目产业，的确是投资。但我们站在家长的立场上，就需要对这种话做新的思考，警惕盲目的认同。

"投资"这个词，这个本来是金融领域的用语，现在越来越被生活化：购买化妆品、衣服饰物，是对自己外在形象的投资；参加培训学习，是对自己内在能力的投资；报健身养生班，这是对自己生理健康的投资……

无论我们是否理解"投资"的真正含义，都会发现，所有投资都有一个共同点：以获得回报为目的。投资，从定义上来说，都是为获取回报而进行的行为。但，养育孩子不能被这样理解。

养育与投资完全不同。

养育孩子的确需要金钱投入，需要时间投入，需要精力投入。但不能把这种投入视作为一种以回报为期待的投资。我们作为父母，绝不能以商人的眼光来衡量教育，来衡量自己对孩子所有的投入，无论是感情上的还是物质上。甚至可以说，父母以投资的心态来对待孩子的教育是可怕的，比完全不教育还更为可怕。

如果父母从心理上把对孩子的教育当成一种投资，就一定避免不了追求利益的最大化。"上辅导班花了我这么多钱，给我考了几分？""上兴趣班花了那么多钱，学到了些什么？""为了给你上名校我费了多少劲，考不上重本对得住我吗？"……这一桩桩一件件，孩子听了以后心里会怎么想？难道不会觉得冷酷无情吗？这难道不像是利箭一样射向孩子稚嫩的心灵吗？

而如果以商业的眼光去看待这一切，从孩子身上获得的回报低于你投入的期待时，孩子也就不再是你的孩子，而是你投资教育失败的产物。所以，如果我们还把孩子当作孩子，不把孩子当作一件投资品来看，对孩子这个生命抱有基本的尊重，就需要重新去理解"教育是最好的投资"这种话。

教育需要有投入，但这种投入不能视作投资，也不能视为消费行为。更恰当的理解应该是：尝试或实验。不同的教育形式，不同的教育内容，不同的教育方式……都是不同的尝试。

每一种的尝试可以等同于一场实验。

不论是把精力、金钱、时间投入在课业学习上，还是其他艺术，体育竞技上……这些投入（实验）尝试的目的都指向一个：为了更了解孩子，唤醒和激活他们的某些内在天赋潜质。为了帮助一个生命去认识到他的潜能，他的优势劣势所在，然后更好地去完善他自己，在将来能够更充分地发挥出他的潜能，从而找到他们生命存在的独特意义。

所以，在孩子需要的基础上，对待教育的确值得我们尽可能多地投入时间、精力、金钱，这也是我们身为父母的责任与义务。

但这绝不是因为"教育是最好的投资"才选择投资在孩子的教育上。

所有养育孩子的父母都渴望自己能获得教育的成功，但什么是成功的教育？最成功的教育其实是：帮助孩子找到了他们的生命意义和价值，激活了他们生命的活力与动力，而这一切是基于爱的出发点，这才是为人父母真正值得追求的目标。相反，如果为教育赋予上功利性的意义，给予孩子教育上的投入是为了将来更大的盈利与回报，这样的教育不管是有多成功，都是失败的。孩子也不过是他们炫耀自己投资教育成功的一个产品而已，把父母和孩子之间的亲情置于一种互相利用的境地。所以，我说"投资教育是最失败的投资"，因为当以一个投资者的心态来对待教育的时候，就已经不可能获得成功的教育，就已经注定了失败的结局。

大千世界，芸芸众生。父母和孩子有缘成了一家人。父母爱自己的孩子，孩子爱自己的父母。父母和孩子之间的爱，没有目的，没有功利性，他们是双向奔赴的一股暖流。父母希望可以给予孩子最好的教育，这是一切行为的初心，这是大爱无疆的结果。我相信这一切是从想给孩子最好的、最爱的初心上来进行的，父母所给予孩子的一切，不能因为孩子的美丑，孩子的聪明与否，而有所改变并区别对待。相反真正爱自己孩子的父母，会尊重孩子独立的人格，不会用功利的心态来看待孩子一切，优秀或平庸，杰出或平凡，都是自己的孩子。父母只想真诚地付出自己所能够给予孩子的一切，只希望将来孩子可以过自己想要的生活，可以发掘出自己的潜能，可以让孩子找到自己人生的方向，这可能才是教育的真谛。

也许等孩子长大成人以后，孩子可以轻轻地对父母说一声："嗨，爸爸妈妈，我感谢你们的教育，我欣赏你们的教育观，我走过了许多的山山水水，看过了许多的纷纷扰扰，我仍然很高兴来到这个世界，我看清这世界的真面目以后依然爱这个世界"这可能才是对父母最好的回报。

学习这件事

"书山有路勤为径，学海无涯苦作舟。"从古至今，学习被赋予了太多的意义与功能。在古代，人们信奉"书中自有颜如玉，书中自有黄金屋。"人们信奉"梅花香自苦寒来"，人们信奉"三更灯火五更鸡，正是男儿读书时。"似乎学习变成了摆脱逆境的工具，学习变成了逆袭人生的通道。到了现代，人们也信奉知识就是力量，而这知识也大部分是指学习。谈教育，也绕不开的一个话题就是学习。

在我们现代的大环境中，孩子的学习是每位父母所非常重视的。很多父母都笑称"不谈学习母慈子孝，一谈学习鸡飞狗跳"。这句玩笑其实并不好笑，它背后反映出的问题很严肃，也很普遍。

为什么会这样？为什么我们和孩子的关系会因为孩子的学习问题而鸡飞狗跳呢？学习是谁的事？如果是孩子的事，为什么父母会把孩子的学习放到这样一个至高无上的位置，使得孩子的学习好像成了父母人生中的头等大事？

从孩子进入小学，许多家长就开始做孩子学习的陪跑员。小学开始就紧盯孩子的学习。他们会说"没办法啊！小学不抓紧就上不了好初中，到了初中也不能放松，不然就上不了重点高中，高中更不能不重视，要考不上大学。考不上好大学将来就不会有好出路"。

孩子就像是一个个的原材料，被放进了一条条的生产线上。从一个环节滚动到下一个环节，父母和老师精细把控着流水线的每一个环节，担心如错过任何一个环节就无法再跟上整个生产线的生产进度，从而无法成为一个合格品。于是便有了这句名言："不能让孩子输在起跑线上。"

但是作为家长你对孩子学习上的期待，真的只是期望他上一个好大学吗？

孩子从呱呱坠地，到长成翩翩少年，他的唯一任务就是学习吗？也许我们应该重新审视自己的养育目标。

经常上网的父母都看到过这样的新闻：在高考完之后，各大高校都是试卷书本满天飞的情景。课本、试卷、辅导资料被扔得到处都是。很多高考完，刚上大学的学生心中最大的感慨就是：终于可以不用再学习了。当然也有一些学生上了大学之后继续努力坚持学习，但他们的学习往往都是有目的性的，只要目的顺利达到，极少有人会愿意真正积极地学习。为什么会这样呢？

其实，养育孩子是一个漫长的过程，学习更是一个贯穿我们每个人一生的存在。

但学习的目的只是上好大学，找好工作吗？

从道理上来讲，所有的父母都知道，我们生活的时代在不断更新快速发展当中，从现实层面来说这个时代的孩子需要具备的是终身学习的能力。和这个长远的任务相比，也许父母也会认同，眼前的考试成绩分数不是那么重要，也懂得要想保持终身学习的能力，最重要的就是保持孩子对学习的兴趣。但落实到具体行动上的时候，父母考虑更多的还是眼前孩子的成绩和收获。其实，即使在父母的高压之下孩子获得了短时期内学习成绩上的优秀，但从他们的一生来说却不见得是好事。

尤其是在看到其他父母带着孩子参加这样那样的课外班，各种辅导的时候，父母更焦急了，不让自己的孩子做点儿什么学点儿什么心里不安，也想尝试带着孩子在周末假期去学点儿什么。所谓"内卷"，大约就是这样卷起来的。

其实，学，不是问题，关键是要以孩子的感受为主，关注、支持他们的兴趣，让孩子去选择他想学习的东西，给予孩子机会去进行一些非功利性学习。

要想保持孩子对学习的兴趣，更多地在于家长能否为孩子支撑起一片天地来保存孩子对自然、对生活的热情，能否保持孩子对未知世界探索的好奇和向往。绝大部分的学校教育并不看重这些，而父母该做的便是为体制内教育的不足做补偿，保护孩子的求知欲，支持他们的好奇心，多关注学校教育所不关注的部分，只有这样孩子才能在学校课业学习压力下保持着对生活学习的热情与向往。因为学习，并不止是学习课堂知识。

在走出校门的时候我曾在心里暗暗发誓："这辈子我都不可能再拿起书笔去学习。只要不要求我去学习，我愿意做任何事。"然而，在十几年以后，现实重重地打了自己的脸。生命就是如此的不可思议。我从来不敢想象自己也会有如饥似渴爱上学习的一天。

至此我也深深懂得了，每个人都是爱学习的，但是每个人所能适应的学习方式和热爱的学习范围都不一样。此时我也才了解，自己厌恶的不是学习，厌恶的是被逼迫着学习，厌恶的是学校体制内的学习与考核机制。

身边所有的人都误以为我如今对学习的热爱是为了更好地养育孩子，其实只有我自己知道我完全不是为了孩子而学习。而是因为曾熄灭的学习热情被养育孩子的生活重新点燃，是因为现在的我真正感受到了学习的甜。也正是因为我真真实实地感受到了学习的甜，所以我心甘情愿抢着吃。我也坚信，不管我的孩子现在在知识性学习中的表现如何，但只要我不去磨灭他对学习的热情，在不久的将来他必然能够体会到学习的甜滋味。

尹建莉老师也说：学习不是苦的，只要让孩子在学的过程中感到愉快，只要把学习和孩子的日常生活及兴趣结合起来，学习就不是苦差事。把学习变成苦差事的是我们割裂了学习与孩子的活动及兴趣。

这种体验也许对于大多数人来说都是不可思议的，因为学习对于他们来说从来就是苦的。所以他们无法信任孩子会有选择自主学习的可能。

在过去漫长的历史里，学习都是件奢侈的事情，获取知识的门槛非常高，没有财力资源很难获得知识，在网络信息资源如此发达的今天，一个人只要想学，又有什么是他学不到的？只要有电脑，一个平凡的主妇在家里也能听到北大教授讲课。然而现实中更多孩子在高考之后，甚至更早就已经完全失去了学习的兴趣，更不要提自学。这是很令人遗憾痛心的。千万不要在教育的早期阶段就磨灭了孩子喜欢学习的天性。所有的孩子本身都是具有探索学习欲望的，那些厌恶学习的孩子都是因为我们给他们太多知识上的灌输，才让他们丧失了自主学习的兴趣。

有位网友说:"记得18岁填报完志愿那天,特别开心。心里就一个念头,真幸福,以后按部就班过生活就可以了,再也不用像之前那么努力,自己找学习资料,定计划,积累错题了。直到后来,我才发现要学的东西不但没有减少反而大大增加,并且要学的东西是连教材都无法教给你的。"他已经领会到了:学习是一个人终身的修行。修炼的不是某个具体技能,而是人格的自我完善,自身潜能的最大发挥。

正如王人平老师所说:所有的教育,最终都指向自我教育,所有学习,最终都指向自我学习。

很多父母内心中都有一种期待,期待孩子有一天能够在自己的敦促下把"要我学"的体验,变成"我要学"的自主动力。但在体制内的学习永远都是"要我学"。只有自学才是真正的"我要学"。

我们要信任,孩子天生就有学习的动力,不然我们人类是无法进化到今天的。

好奇心和探索欲是每个生命都蕴含着的渴望,父母最重要的任务就是不要让孩子失去学习的内在驱动力。不要在孩子很小的时候就传递给孩子"不吃学习的苦,就要吃生活的苦。"如果学习是苦的,生活是苦的,那我们活着的意义又是什么?养育孩子的意义又是什么?

现今的孩子在学习的问题上几乎都面临着前所未有的压力,从一个生命的诞生开始,父母对孩子的所有关注都放在了与学习相关联的地方,注重胎教,早教,为孩子找最好的幼儿园,择最好的小学,挤最优质的中学,力求上最好的大学……

其实大部分父母所重视的并不是孩子的学习,他们重视孩子的学习不过是希望孩子能够在应试选拔体系中胜出,能够通过优异的学习成绩而出人头地,从而获得显赫的社会地位或者过人上人的幸福生活,如果父母们自己都不能正确理解学习的更深层意义与价值,对学习的理解是肤浅的,就不要指望孩子能够理解学习的真正意义了。

否定"起跑线"这一说法的有些家长把孩子的成长比作是马拉松长跑，认为如果过早地加速，将会快速地消耗完一个人的体力，也许还没有到达终点就倒下了。但在我看来，生命不是短跑，也不是马拉松，生命的目的不是竞赛，而是一趟单向旅程，学习最深远的意义是让孩子能通过学习感受到生活之美，发现生命的真相。不必去争做人上人，平凡人也可以有不平凡的活法。

赏识教育的误区

许多育儿专家每每谈到孩子的教育问题，都会强调多表扬、肯定孩子的重要性，"父母一定要多鼓励和肯定孩子，在赞美声中成长的孩子才会更加自信和优秀"。都建议家长要尽量避免批评，因为不管怎样的批评都会在孩子的心灵中留下阴影，经常被批评的孩子会在潜意识里认为自己不行，从而失去自信难以健康成长。于是一个新的教育理念诞生了：赏识教育。

许多在父母的打压式教育下，在父母否定中成长起来的新一代都深深痛恨着这种对待孩子的方式，下定决心日后决不走自己父母的老路，一定多夸奖孩子，走赏识教育的路。

曾有位养育出优秀孩子的家长，在分享他的养育经验时表示自己的养育秘籍就是赏识孩子，赞美孩子，多表扬孩子。因为孩子都是希望被赞美的。他们需要父母的欣赏和认可。

时下流行的一句话便说："好孩子是夸出来的！"

有专家还总结出了表扬孩子具体该如何表达的技巧，比如：表扬要具体，具体孩子才能明白，哪些行为是好的，不能泛泛地表扬"你聪明，你真棒"。表扬要及时，否则孩子弄不清楚为什么受到表扬便无法强化好的行为，父母要及时通过表扬帮助孩子把事情的因果关系联系到一起。

但是很多父母发现，即使按专家说的方式去表扬，也并没有让孩子的行为变得更好，甚至还衍生出了更多问题，这是怎么回事呢？

其实父母由衷的，真诚的，恰当的表扬与赏识对孩子的成长来说是有益的。

而那些策略性的肯定与表扬，其实都是有目的的。所谓表扬孩子的真实动机是想让孩子改变，并且有时候表扬的背后隐藏着批评。孩子都很清楚家长的真实意图。他们只是年龄小却不傻，很多东西他们没办法表达出来，不代表感受不到，其实他们就是犹如生长在山林间的小幼兽，有着天生的直觉与敏锐。

比如妈妈对孩子说："我知道你是个很遵守规则的孩子，肯定不会偷吃零食的。""妈妈一直都是很信任你的，我相信你一定不会令我失望。"

这样的表扬便是控制孩子的手段。多用了几次，要么会激起孩子对父母的反感，要么孩子会为了获得表扬，压抑自己的真实感受和情绪，久而久之孩子心里便积起了一种说不出的委屈与反感。

虽然我们会认为父母为孩子表现很棒的时候感到骄傲是一件很自然的事情，尤其是当孩子取得了很好成就的时候，父母确实很高兴；但如果父母表现得比孩子更激动："你真的太棒了，真了不起"。这其实是父母夺取了原本属于孩子的成就感，因为孩子的自我感还在完善中。他们需要经验，需要经历和感受，什么是自己的？什么是别人的？什么是自己获得的，什么是别人给予的？

当父母的感受覆盖了孩子的感受，会让孩子觉得，自己的努力不是为自己，而是为了父母。

同时孩子会焦虑，下一次如果不能获得这样的好成绩，该怎么办？爸爸妈妈会不会很失望？如果我没那么好，他们会不会就不喜欢我了，我是不是就没价值了？

曾听说过这样一个孩子，人很聪明，从小参加过很多特长班并且都学得很好，身为孩子的父母自然会非常骄傲并以自己的孩子为荣。周围人也常夸耀孩子：这孩子真厉害真棒，父母也真了不起把孩子养得这么好。孩子自己也很骄傲。就这样，孩子慢慢长大。可就在他上了小学之后，发现自己并不是最棒的时候就开始有些失落，比如当老师在表扬其他孩子而没有表扬自己的时候，他就会非常紧张甚至出现了一些抽动症的表现，而且脾气也越来越坏，还不想去上学……对于孩子来说，他无法忍受的现实是自己不是最棒的。

这就是一个对赞美和表扬有了依赖的孩子。依赖于他人言语表扬的孩子，他会不自觉地根据别人的反应来确定自己要做什么，该怎么做，结果就是让他们离自己的感觉越来越远。越来越不清楚自己真正想要什么，什么是对自己真正重要的。

这样的孩子最容易成为被人用表扬控制的，失去了真实自我的提线木偶。

既然赏识表扬都有问题，那么我们想对孩子表达真心的赞赏与肯定时该如何表达呢？

当我们想表扬孩子的时候，最好的方式是明确说出让我们喜欢和欣赏的具体事情和我们的感受。也就是PET父母效能里所提倡的用"事实+感受"的表达方式去沟通。

比如：当你看到孩子把他的房间收拾好了。我们不需要表扬：真棒，真能干……我们只需要说出自己看见的这个过程："你把床单被子都整理好了，房间看上去整洁干净。"

当孩子最近的学习成绩有所提升时，我们不需要表扬：这次考得不错，下次继续加油哦！我们可以说："最近看见你每天放学都有复习，在学习上花了很多时间，很高兴看到你的付出有了收获。"

所以我们真正需要的是把自己看到的过程和自己由此而产生的感受反馈给孩子，这样他就知道自己的努力被看见了，这非常重要。

因为孩子真正需要的是被看见。只有被看见，才能证明一个人的存在，才能让孩子明白他努力的意义。从更深层的角度来说，生命最本质的期待是渴望被看见，尤其是被父母所看见。被看见温柔注视对于孩子来说就是父母赏识的表达。

很多成年人自己大多都在父母批评与表扬声中长大，一直也都活在他人的评价之中。要想孩子学会不活在他人的评价中，需要我们先改变对孩子的态度，少去评价，多描述事实和感受。

我们都会说父母要尊重孩子，但当我们想要用赏识、表扬的方式来激励孩子让孩子变得更优秀的时候，其实已经不知不觉地拔高了自己的位置，站到了一个对孩子有评判权的高度即孩子的好坏对错由父母评定，他的价值高低由父母定夺。

这个时候的表扬也好，惩罚也好，说教也好，奖励也好，都是为了让孩子达到我们所设立的标准而采取的手段与方式。

所谓赏识教育其主旨是希望家长能学会用欣赏、信任的眼光看待孩子，而不是用挑剔的目光审视孩子。但任何教育理念，都如同是一把利器，既可以帮助孩子也可能会伤害孩子，起决定性作用的是手握利器的父母。如果父母没有对孩子人格的尊重，对孩子真实需求的了解，所有方法都是坏的。

理念比方法重要，态度比技巧重要。父母养育孩子最需要学的其实不是招数，是修心法。心法修好了，怎么说怎么做都对。心法道行不够，学再多的招数也是枉然。心法就是修我们对孩子的理解，对教育的理解与对生命的认识。

吃饭这件事

有句话是，世间唯有美食与热爱不可辜负。

还有话说，天大地大，吃饭最大。我们的祖先也在悠久的历史中发展出了各种各样的关于吃的文化，吃的文明。八大菜系，满汉全席，天上飞的，水里游的，路上走的，沼泽里爬的，就几乎没有我们不吃的东西。也几乎没有我们不能做成美食的。在吃这件事上，我觉得我们中国人认了第二，世界上没人敢认第一。而在我们平平凡凡的人间烟火中，还有古话说的：开门七件事"柴米油盐酱醋茶"。柴米油盐酱醋茶还是一个字：吃。

所以吃不仅关系到我们人类的身体健康，在中国的传统文化中，"吃"更是人生的头等大事。

而养育一个孩子，吃更是时时处处，年年岁岁，要注意的事。

随着改革开放和经济发展，我们国家的人民现在的生活条件都变好了，有了丰富的食物选择。但却好像有越来越多的家长在为孩子吃饭的事情头痛不已，都在想尽办法让孩子多吃几口，却得不到孩子的配合。一顿饭下来常常是家长累得精疲力竭，孩子依然没吃下去几口。

作为养育着一位高需求孩子的资深全职妈妈，我在孩子吃饭这件事也走过漫长的路，有着丰富的体验。但我却从未在吃饭这件事上跟孩子斗智斗勇过，因为不需要。吃饭这件事说简单也简单，说复杂确实可以有很复杂的理解。

俗话说：人是铁饭是钢，一顿不吃饿得慌。不吃饭的孩子难道不是"普通人"不知道饥饱吗？父母大可不必在这个问题上太焦虑，因为孩子是不可能会把自己饿死的，进食是人类的本能。

从现实层面来说，不爱吃饭的孩子无非是这三种可能：

第一种可能：孩子是否有生理上的不适造成吃饭没胃口。比如说孩子生病，身体不舒服的时候自然没有胃口吃饭，相信大部分家长也是能理解的。

这种情况只要等孩子的身体康复了，孩子自然就会恢复良好的胃口。

第二种可能：不饿，不想吃。有的家庭为了拥有按时吃饭的好习惯而严格遵循着按时按点吃饭的规则。换句话说，也就是到饭点了就得吃饭。按时吃饭确实有必要的，但如果把按时吃饭变成僵硬的，一成不变，不能动摇的规则，即使孩子肚子不饿，也不得不按时吃饭。那么也就是逼着孩子把"为自己的身体吃饭"这样一件事，变成了为完成家长布置的任务而不得不做的一件事，这样吃饭就变成了一件带着被迫与约束的事了。

在这样的情形下，餐桌上摆着的哪怕是满汉全席，孩子也必然会对吃丧失本能兴趣。对于孩子来说，连吃饭这种事都无法自己做主，内心的屈辱感或许是父母无法体会的。解决的最简单方式就是父母放手把吃饭的权利和选择交给孩子。要相信孩子自己有辨别饥饱的能力。饿了，他们自然会吃。尊重孩子的自然食欲。

第三种可能就是没有孩子喜欢的食物，不想吃。

孩子健康的身体需要科学的饮食，需要保持均衡的营养，所以专家说：让孩子从小养成不挑食不偏食的好习惯是每个家长的职责。

而在孩子的饮食上"挑食"是更多的家长所面临的问题。尤其是当父母为了让孩子多吃几口，在厨房里花数小时精心准备饭菜，确保孩子身体成长的需要。期待着孩子能够欢快地吃我们所做的食物，但孩子对食物并没有表现出期待中的兴趣时，我们心里难免有对孩子的愤怒和对自己的失望。这些父母会在心里自责，认为在吃饭问题上都没有照顾好孩子。

尤其是当看到别的孩子给什么吃什么，再对比自己挑三拣四的孩子，更觉得自己这家长做得很失败。

曾经有家长问我孩子（锐）挑食吗？我回答说不挑食，后来过了很久我才意识到自己的回答也许会让对方有误解。因为对于挑食这个概念，不同的家长都有着不同的理解。

在有的家长看来，不挑食的孩子就应该是餐桌上有什么吃什么，给他做什么他就吃什么。说实话，我没有见过这样不挑食的人，更不要说这样的孩子。每个有味觉的人，都会有自己的饮食偏好。

想想我们自己：是不是也有自己喜欢的和不那么喜欢，甚至是讨厌的食物？

每个人对于食物都有自己的喜好厌恶，孩子也一样。父母需要尊重他们独特的口味需求。和纠正孩子挑食的专家意见相反，我会鼓励家长接纳孩子"挑食"。在尊重与接纳的同时，一点点地去做一些尝试性的改变。

养育特殊儿童的家长都知道，这些孩子往往都只吃自己熟悉的几样食物，对于陌生的食物十分抗拒。从科学角度来说这就是严重的偏食。其实锐也有这样的问题。在很长一段时间（3—7岁内），他每一顿饭都要有鸡蛋。不过我并没有把他每顿饭都要有鸡蛋的要求，解读为每顿饭只吃鸡蛋。所以我给他准备鸡蛋的同时，就会把其他他不那么接受的菜以他接受的方式混到米饭里面，一起吃下去。就这样他单一的饮食方式，慢慢地发生了变化，到后面他能接受的饭菜种类也越来越多。

虽然现在大部分时候仍然需要按他的口味单独做，但我觉得和每天在饭桌上跟孩子较劲儿相比，费点儿时间单独做两道菜要简单得多了，和孩子的健康相比，这点麻烦就更不算什么了。所以，不管孩子爱吃什么，不爱吃什么，家长都不要太大惊小怪，不要急于给孩子贴上挑食的标签。

尤其是当我们发现孩子对某些菜完全没有兴趣的时候，不要先去批评孩子或强迫他们吃。先观察，并不去做评判，同时在下次做的时候改变烹调方式。

比如说锐吃青菜，但如果按照我们自己的口味来炒青菜他是一口也不吃的，但如果按照他喜欢的方式把青菜切碎就爱吃。所以并不能说孩子不爱吃青菜。

如果孩子不喜欢某种食物，而家长又觉得这种食物对我们的身体非常有益，怎样才能让孩子吃下去呢？最好的办法是持续地让它出现在我们的餐桌上，以不同的形式：煎、煮、烤、焖……上桌之后我们自己用愉快的态度去享受这些美食，但不强迫孩子，让事物有一个润物细无声的过程。也许一段时间以后他们可能会尝上一口。而只要能尝上一口，就有了一个好的开端，就有了可能继续吃下去的希望。

尊重孩子也包括尊重孩子不同的口味偏好。有些时候孩子"挑食"挑的并不是食物，挑的是养育者对他们独特自我的看见与接纳。

　　曾奇峰老师说：大部分长期不愿好好吃饭的孩子，其深层原因都源自家长在管控孩子饮食上的坚定与执着，不知不觉把饭桌变成了旷日持久的权力争斗战场。

　　生活是一个整体，养育也是一个整体。

　　孩子体现在吃饭上面的问题往往并不单单只是孩子与食物的关系问题。更多的时候是家庭问题的一个表象。比如孩子与做饭人的关系，父母之间的关系，一家人用餐时的气氛……这些都会影响到孩子的进食。

　　嗅觉器官和味觉器官是人体重要的器官，紧密地联系着人的情感，比如当我们闻到饭菜的香味时往往就会联想到家。在我们的记忆系统中家的味道便是烟火的味道，烟火味就是饭菜的飘香味道。所以父母和孩子一起心情愉悦地围坐在饭桌前吃下的不只是饭，还有爱和家庭的温暖。

　　而对于吃饭这件事存有太多负面印象的孩子，他们长大后回忆起自己家里的气息时，感受到的也许不是家庭中温馨的饭菜香味，不是父母的独特厨艺，而是餐桌上被强迫吃饭的愤怒与委屈。所以，吃饭绝不单单只是填饱肚子的事，在这其中隐藏了太多无形的东西，深刻关系着孩子和家庭中的每个人。

　　我们常说有情饮水饱。可见情感在饮食中的重要作用。总有一天孩子要独立，要长大，要去闯荡这世界，要离开我们身边。到那一天，我们当然希望他们能够幸福快乐，还有不要忘记我们。我希望他们将来记起我们的是温暖，是美味，是温馨。尊重他们的自然食欲，尊重他们的自然意愿，才能让他们内心深处的饮食记忆散发着父母爱的味道。

PART4

第四部分

如果不是因为他……

在人的天性中，总会把另一种生活选择的可能描绘得更加美好。正如人们所说的，没有得到过的才是最好的。有些人相信，所有的遗憾都来自于选择和遭遇的错误。只要当初选择和遭遇的是另一条路，是另一种情形，那么现在自己的生活中就会没有一丁点儿的烦恼与挫折。

在谈论自闭症的话题中有位父亲说"因为家里有了一个自闭症的孩子，我付出了很多，有很多艰难，有很多不容易，是自闭症摧毁了我的一切：事业，财富，自尊，希望……"后面再来一个转折：自闭症摧毁不了的只有一样东西，那就是"爱"。很多人为这位父亲点赞。

看上去这位父亲的确很爱孩子，为孩子作出了巨大牺牲，真的很伟大。这些话说出来相信也可以把旁观者感动得热泪盈眶。但这却打动不了我。

从他能说出这样的话来看，我不相信他心中能够真正有爱，能够真正地接纳自己这个特殊的孩子。这些动人的文字也只能博得一些旁观者的同情和赞叹，或与同是"沦落人"的父母们抱团取暖罢了。

养育一个自闭症孩子的艰难我是认同的。养育一个孩子本身就很不容易，更别说养育有些特殊情况的孩子了。但作为这个孩子的父亲说出因为养育这个自闭症孩子而摧毁了自己的一切……这样的话来看，就令人感到不寒而栗。

"一个自闭症孩子的存在摧毁了自己的一切。"当你认为自闭症孩子的存在带给你这么大的苦难，带给了你这么大伤害，你生活中的一切不幸都是由他引起的时候，你会不恨他？你还能爱他？

这得是什么样的人类才能够拥有的宽广胸怀啊！

我不相信会说出这种话的父亲心中对孩子会有真爱。

因为我相信只有接纳才会有爱。

接纳，包括接纳一切的失去、失控、意外、疾病……也包括接纳自闭症。只有做到这些，才能够真正接纳孩子，才能说你真的爱这个孩子。

任何时候真正属于你的东西别人是拿不走的，也摧毁不了的。能够被摧毁的东西必定不曾真正属于过你。它不会以这种形式失去，也会是以另一种形式失去。所谓容颜肌肤，会随着年龄的增长而变得苍老。所谓事业，转眼间就有可能面临失业或是破产。所谓财富，也可能是转瞬即逝的云烟，任何的意外变动都有可能让你失去财富。

所谓自尊、希望……这些内在的东西如果你真正拥有着，那么更不可能会被击碎。既然能够被摧毁，只能说明自己还没有建立过真正的自尊。"自闭症的存在，也就是他这个自闭症孩子的存在摧毁了你的这一切"这样的说法既不客观，也不符合现实，这对孩子来说也是极不公平的。你可以说，因为我认为孩子需要自己全身心的陪伴，所以我选择陪伴孩子而放弃工作的机会，你可以说，因为我期待孩子变得更好，所以我愿意花费金钱和时间，寻求能够帮助孩子的专家、老师……所有的一切都是我们自己的选择。我对此心甘情愿，甘之若饴。

当然，我也相信这种选择有部分是被动的。但无论被动还是主动这仍然是我们自己的选择。都是我们权衡利弊之后所主动做出的选择。

所以永远要记住这样的说话方式"不是孩子让我们……而是我们选择……"所以即使是你曾经幸福美好的生活真是被自闭症孩子的出现所改变所摧毁……那也是你选择被它改变被它摧毁。别忘了你完全拥有其他的选择。虽然你可能看不到。

对我来说，只要生命存在，就是得到，得到就是幸事。
根本不存在摧毁。能被摧毁的一定是原本就脆弱得不堪一击的东西。

有些时候当一个名词还没有被创造出来的时候，我们意识不到那是一种很麻烦、很可怕的问题，虽然可能会有一些问题的存在被忽视，但也可能会让我们的心态更加平和。所以我们不要让自闭症这样一个概念的存在，固化了自己看问题的视角。别总是认为"我生活得不容易，因为我有一个自闭症的孩子。我这一辈子都幸福不起来了，因为我有一个自闭症的孩子……"

别借着"自闭症"这个壳，把生活的"难"都往里装。

用这样一个壳，除了获得一些肤浅的理解和廉价的同情以外，不会让我们得到任何的力量。试想下，养育一个自闭孩子和想要做父母却求而不得相比，哪个更痛苦？我们都容易认为别人所遭受的痛苦不值一提，自己所承受的痛苦才是真正的苦难……

其实人都一样，各有各的难，谁都没有比谁更轻松。

这些话可能由旁观者说出来或许就显得有些麻木不仁、冷漠无情。但由我这样一位同样有切身体验的自闭孩子的家长说出来大家或许能够理解一点儿。我收到过很多关于自闭症的私信，很多父母都会这样说："我们本来有一个幸福美满的家庭，就是因为这个孩子的出现，所以一切都变了……"真的是因为这个孩子的存在而改变了吗？我不相信是这样的。

很多时候外在问题都只是内部问题的一个催化剂。这个催化剂把一个早就存在的家庭内部问题和个人内部问题更加透彻地显现了出来。

如同说一个体质强健的身体更能经得住重大疾病的侵蚀。一个羸弱的身体可能会经不住一场小小的感冒。但至少我的家庭却是因为有了自闭症的孩子而变得更加团结有爱，真正有了同风雨共患难的深刻情感！

因为我和爸爸都清楚地认识到，如果我们两人的力量分散了，谁也不可能有能力独自呵护孩子健康成长，谁也没有办法做到同时给予孩子成长所必需的经济条件和充足的陪伴时间。只有当我们的力量凝聚起来才能够实现。当我们达成这一共识，有了共同的长远目标之后，之前在婚姻关系中的那些小打小闹早已经被无形地化解了。我们彼此对于婚姻有了更坚定的信心，对家庭也注入了更多的爱和责任感，我们的家庭更牢固了。所以我们全家包括哥哥都感谢这个特别的弟弟，决不会认为他的存在让我们失去了什么。

如果我们所有人真的认为一个自闭症孩子的存在给父母制造了这么多的麻烦，增添了这么多压力，带来了这么多损失。他让整个家庭都乌云笼罩，他就是一个累赘般的存在，假设这些孩子他们有感觉的话，能够感受到这些情绪的话，那他们该如何感受自己的这个生命呢？

虽然我们默认为他们是没有感觉的。其实对这一点，我们并不能确定，再权威的自闭症专家，研究学者也不能确定。因为专家不是"他们"。所以我们对这些特殊孩子所做出的每一个行为，所说的每一句话，所表达出的每一个感受，最好都是带着爱的，而不是其他。不要以为他们不知道，认为他们听不懂就肆意而为。

把问题放出来

如果问在小时候给我们印象最深的几件事是什么。我想大部分人会想起自己小时候跟父母出行的情景。欢欣雀跃的等待，如愿以偿的成行，心满意足地回家，这会是许多朋友们在童年跟随父母出行的印象。但是你可曾想过，有另一种的出行，对父母来说是一种难题呢。

对于很多家长来说，带孩子出门真是一件不可避免又辛苦的事情。尤其是对于有某些特殊行为举动——"大喊大叫，到处乱跑……"的孩子们的家长来说就更为可怕。这预示着出行的状况频发，预示着出行的阻力重重。很多家长最担心的问题就是带孩子出门时状况百出，不知如何应对，却又孤立无援。尤其是家有特殊儿童。

现在所有针对特殊孩子的行为训练，最终都是为了提高孩子的学习能力和社会生活能力。但我认为目前这样的训练方式的效果是非常非常有限的。因为"生活"是一个个真实的场景，它会有各种突发的状况，会有各种不按常理出牌的情形，会有各种各样的情形，不是事先能够预料到的。但现在所有针对孩子行为训练的课程都是在封闭的环境中实行的。按照一定的模式，遵循一定的规律。

比如说有些孩子喜欢乱跑。在训练中，老师可能就会强制要求孩子在训练中能听指令坐好。也许孩子能在机构里乖乖地坐住。但是换一个场景很有可能依旧坐不住。这怎么办呢？还有比如说有些孩子喜欢大喊大叫。在机构里有老师管制的情况下孩子可能会表现得安安静静的。但跟父母外出换了一个环境后，问题就表现出来了……这又怎么办呢？

所以我一直的态度就是让孩子的"问题"暴露在真实的社会生活体验中，

通过"实战"来慢慢解决。因为不暴露就不会被发现，不发现又怎么能解决呢？这对孩子来说是非常重要的学习课程。

所以在我看来孩子更需要的是在真实的生活场景中去学习，去适应，去锻炼，"生活"的本身即是真正的教育。从行动上来讲我也一直是这么做的。

不过这的确非常考验家长的耐心与智慧，是个不小的挑战。所以很多特殊孩子的父母都特别怕带孩子外出。"带孩子外出的时候自己是又累又紧张。重要的是担心孩子大吵大嚷打扰别人，自己怎么样都没关系，影响到周围的人可就真不太好……"这些话都是特殊孩子父母的心声。即便如此，我们也不能轻易放弃带孩子在生活中体验的机会。

因为将来的生活还是要孩子自己去面对的。逃避并不能解决问题。

我一直相信：遇到问题才能解决问题，而不能总是躲着问题走。遇到问题的时候正是解决问题的机会，解决了问题，就是孩子一次真正的成长。为了孩子真正的成长，为了孩子将来能够自立，我想每一位做父母的都值得去试一试，大胆地把孩子的问题"放出来"，面对它。

比如"孩子去超市不能遵守基本的购物规则"，那么就需要家长更多地带他去超市实地体验学习。去饭店吃饭的时候孩子如果不能遵守基本的用餐规则，也是用同样的方法。观察孩子的"违规"行为主要是体现在哪些地方？哪些细节上？如何能够帮助孩子改进？我认为，应该先在一些规则比较宽松的生活场景中，多给孩子"实习"的机会，才能提高孩子在真实生活中的适应能力。不然等到必须进入某个规则比较严格的生活场景时，孩子的行为可能会夸张到你控制不住的程度。因为你很少把孩子的"问题"真正暴露在生活中，家长本人真正面对孩子的问题，解决问题的经验也不够丰富，不管是家长还是孩子，很多问题都只能是在生活中，一次次的体验中学习得来。孩子的很多能力都是没有办法通过行为训练获得的。

比如说锐的行为问题：锐在外面吃饭，兴奋的时候就会大喊大叫，如果想要解决这个问题，我需要更多地带他到外面用餐，让他看到不同的餐厅，感受到不同的用餐气氛，了解到不同的用餐环境下不同的用餐要求。也要让他知道大声说话、大笑大闹的行为在有些餐厅是允许的，比如说农庄。但在有些地方会影响到其他客人，是不能被允许的，比如说西餐厅。曾在周末我带哥哥和他一起去西餐厅吃晚餐，其实我基本能够预判到会有什么样的状况出现，但是我不会因为怕出状况，就绕开他的问题走。因为我永远都相信："直面问题才能解决问题"。

遇到问题不逃避，而是勇敢地去面对，才能真正地笑对生活，才能真正地解决问题。果然，他一兴奋就开始大声说笑，在沙发上面跳，爬到其他座位上面去……我不断提醒他：做出"嘘"的动作告诉他"说话要小声一点儿，今天我们吃牛扒，在这里吃饭需要小声说话，太大声了会影响到别人的"，"锐不要在沙发上面跳，妈妈很担心锐摔跤，摔跤了会很痛的……"我说什么话，他也会停下来认真地模仿我说的话，晚饭结束，孩子也并没有出现很夸张的行为举止。慢慢地这样的情形在这样的生活场景里越来越多，他也会一次比一次表现得更好，我所说的话，他也能够慢慢地理解。当然在有些时候，的确有可能会打扰到其他人，对待这样的问题就需要脸皮厚一点儿，态度谦和一点儿，把歉意写在脸上，表明自己的态度。

如果孩子真是严重打扰到别人用餐时，该道歉就道歉，道歉时的态度一定要好。然后适时地调整一下座位，也是解决问题的办法。并且在我看来，这种办法很容易获得成功。因为真诚是所有场合中的通行证，人与人之间，包容和宽容也是很容易能够实现的。实在不行，提前结束这一次用餐，也是一次特别的生活体验，也有价值。

总之在这时候，不要怕问题，不要怕麻烦，不要怕被误解"你是个熊孩子的家长"，更不要玻璃心。不要把别人的一点儿不满意看作是天大的恶意。我也曾带着锐看过电影，但没有一次看完整过，每一次都坐不到二十分钟，他便开始到处乱走，或是故意大声说话，我和孩子都没有看进去多少内容，但是，这些体验对于孩子来说都是非常有意义的。孩子在心里也会知道你想陪伴他，你想让他体验生活中的各种情形，孩子会体会到你的良苦用心和深沉的爱意。

同时当家长带孩子在真实的生活场景中学习体验的时候，过度担心"孩子会不会影响别人"也是没有必要的，因为这已经无意识地对社会和他人的态度做出了一个"不够友善不够包容"的预设。

其实当你带着孩子，带着孩子的"问题"走入真正的生活中的时候，可能你会发现，社会是友善的；愿意理解、包容孩子的人是很多的。对于锐来说我是完全把他当普通孩子一样养育的，其他父母会带孩子去的任何地方我都会带他一起去，其他孩子会做的任何事，我也会带他一起去做。绝对不会因为他会制造很多麻烦就放弃给他体验真实生活的机会。想要看到孩子真正的成长，需要家长多付出一些时间、精力、耐心，这都是非常有必要且有价值的。

其实很多时候孩子并非是故意要捣乱，而是他真的不懂、不能理解为什么要这样？为什么不能那样？所以更需要我们多带孩子出门，让孩子多感受、多体验。带孩子体验的生活场景越丰富，孩子在真实生活中的生活能力也会越强。做家长的也会更容易对孩子的未来持有坚定的信心，家长对孩子越有信心，孩子的表现也会越好。于是，这些将形成一个良性的循环。这个循环是对各方都有益的，家长获得了出行的经验，孩子获得了出行的乐趣与能力，并且孩子在外出的时候会得到关于这个世界最直观的印象。他会知道这个世界是有温度的，是会变化的，是复杂而有趣的。这个世界上有冷漠的人，就有热情的人。有恶意的人，就有善意的人。生活千姿百态，人世间五味杂陈，让孩子多去体验，多去体会吧。迎难而上，后面的路才会越走越宽、越走越顺。

给孩子构建一个支持性成长环境

熟悉我的人都知道我有一个特殊的孩子。虽然我一直把他当正常的孩子来看待，来养育。但是不可否认，他和普通孩子还是有很大差距的。比如在和同学的社交相处能力上，明显弱于同龄的孩子。很多有相同境遇的父母都会忧虑、担心、害怕。

最担心的问题就是孩子在上学以后会不会被欺负，会不会遭受到校园霸凌。

如何帮助孩子和同学友好相处？这些问题在孩子上幼儿园的时候家长还能基本放心，因为幼儿园老师对孩子的监护工作做得非常细致。孩子之间有纠纷会有老师协商，也不太可能发生谁欺负谁的事，若真有意外发生了，找老师了解情况就够了。

一直以来锐也都是幸运的。遇到的老师好像都特别关照他。可能是因为他的沉默与认真显得特别可爱，老师们也都喜欢逗他开口说话。也可能是因为他毫无攻击性，更不会去主动打扰别人，所以遇到的同学也特别愿意爱护他，明明是大哥哥，同学们都还叫他"小锐锐"就这样我们度过了两年美好的幼儿园时光。

也因为在幼儿园的这些体验中，我只看到了孩子们的热情友善，并没有遇见过真正有恶意的孩子，所以我一直对孩子对老师都抱有极大的善意与感恩。虽然现在上了小学，与幼儿园有了很大的不同。但我相信人性是相通的。顺着人性去思考问题一定不会错。一年级除了学习模式发生变化以外，在同学关系上也有一些变化。小学不像是在幼儿园时同学们彼此之间的关系完全由老师所主导，小学生们已经开始发展自己的个人关系，同班同学的影响作用开始增大。所以，与同学之间的关系对于孩子来说也是非常重要的。每位家长的心里都会期待自己的孩子能够尽可能地多交上朋友，和每位同学都能友好相处。毕竟谁都不希望看到自己的孩子被人欺负，或者是欺负别人的事情发生。对于社交能力弱的孩子来说，父母所担心的就是自己的孩子与同学的相处情况。

其实"孩子不会交朋友≠没法和同学友好相处"。

一个孩子与同学友好相处的模式并不只有"学会和同学交朋友"这一种。比如：帮助孩子和同学之间建立起"需要与被需要"的互动模式。这依然是另一种友好同学关系的形式。作为一个语言发育和社交能力有所欠缺的孩子，他可以以"需要被帮助"的身份来和同学互动。这不仅是孩子所需要的，也是我们父母所需要的。

"孩子需要帮助，我们也需要。""孩子需要获得其他孩子的帮助，我们也需要帮助他，获得其他孩子的帮助。"我们作为父母该如何帮助孩子与其他同学建立起"需要与被需要"的互动模式？

我想，我们需要在细节上用心思。

进入小学一个月之后，同学们对锐的了解慢慢地多了起来，而我这位每天接送他的妈妈大家也都熟悉了。所以这个星期经常在去教室接他的时候，开始有孩子和我打招呼，主动向我报告他的情况："阿姨，他在上语文课的时候拿数学书，上英语课的时候也拿数学书。阿姨，他上课的时候一直拿铅笔在书上到处乱画，老师还批评他了。阿姨，每天早读的时候，他都没有读过……"

对于孩子在学校某些"特异"的行为表现，班上的同学多是非常喜欢向其家长"报告"的，这在我们自己小时候上学时应该都有过深深的体会。耐心地倾听孩子们的"报告信息"很重要。这是我们了解孩子学校生活细节的重要渠道。不仅要专注听，还要用点儿时间认真回应孩子们传递给自己的信息。要利用这样的机会，帮助孩子向他的同学做介绍，让同学们了解他。同时也向同学们传递出他妈妈（我）的态度，让他的同学了解我。这对于促进锐与同学的友好交往，让同学对他做出积极关注有重要的意义。

每当这些孩子"汇报"的时候，我都会蹲下来专注的听，并温柔地给予回应，真心感谢同学告诉我的这些信息。同时我也向他们解释："因为××锐不爱说话，很多事情他不太了解，所以需要请你们多跟他说几次他才会明白……阿姨也要请你们多帮助他提醒他……"具体的话语怎么说不是最重要的，诚恳的态度最重要。心到了，话自然会说到，小孩子是最敏感的小动物，你的细微态度他们都可以捕捉得到，真诚，到什么时候都是最容易沟通的渠道。

同时一定不要在倾听同学反映孩子在校情况时，当着同学们的面批评自己的孩子"你为什么不好好听课？上课的时候为什么要在书上乱画？"哪怕是假装责骂孩子，也都不要。这些问题一定不要当着孩子同学的面处理。当你在向自己的孩子问出这些问题的时候，在同学们看来就是对他的质问、批评，就是对孩子的不满意"阿姨在批评××锐……"这时他们心里想到的可能会是："阿姨不喜欢××锐……××锐的妈妈都不喜欢他，他一定很不好……很笨、很傻……"妈妈都不喜欢的孩子，那其他人又有什么理由喜欢他呢？妈妈对待孩子的所有细节都会影响着孩子在同学心中的印象，进而会改变同学对孩子的态度。

当我蹲下来倾听同学说话时，眼神会专注地看着他们，偶尔会把手轻放在他们的肩上，或是在交流的时候轻轻地握住他们的手。同时我在和锐交流的时候也会习惯性地一边说话一边用手摩挲着他的小脸。这些是我作为一位妈妈与孩子相处时自然的情感表达。因为不论是对于自己的孩子还是对别人的孩子，我都满怀爱与感激之情。一个人是不是真心爱孩子，并不完全需要通过语言。更多的时候，一个眼神，一个细微的肢体动作都能够体现出来。你的心是柔软的还是僵硬的。你对孩子的接纳是从内心发出的还是故作姿态？不论是孩子本人，还是旁观者都能够敏锐地对此进行识别。

接着再说回问题：当遇到其他同学向自己反映孩子的情况时具体该如何回应？核心原则就是：既不要没有反应，也不要过度反应。比如说：轻描淡写地向给你汇报的孩子回应："哦，我知道了""他就是这样，没事……"这样的淡漠，进而会让孩子的同学觉得你对此事漠不关心，但是，也不要站在裁判员的位置上去评判自己的孩子。

我的态度是：和自己的孩子站在一起，替他接受同学们提出的问题，并诚恳地请求他们的帮助，请求他们来辅助自己的孩子做得更好。当一个成年人向一个孩子发出真诚请求的时候，孩子多数情况下是不会拒绝的，他们会报以热情的回应，只要他们感觉到自己获得了成年人真心的信任，没有孩子会愿意辜负这种信任，会很看重这种信任。同时，在正常情况下，人都会希望自己是有力量帮助别人的，都希望自己能够成为关系中的"施予者"，孩子也不例外。

后来这段时间的现实情况证明我做的是对的，想的也是对的。

有一天中午，我注意到班上好几位同样在家午休的同学，中午都是自己从班级走到校门口，等待家长接回家的。而我每次都是上楼去班级接他，如果没有人引导，他自己不会下来。我便找了个机会请这几位同学帮忙：请他们明天下来的时候也帮我把××锐一起带下来。他们同意了。这样做的目的主要也是为了促进他与同学之间的互动。但是第二天没有成功，他们告诉我原因是：锐不肯跟他们下来。我开玩笑："没关系，他可能是有点儿担心你们会把他卖掉。"几位同学也被我的玩笑逗乐了，他们争先恐后地说："我们又不是坏人，不会把他卖掉。"后面我又请他们明天再去试试，第三天成功了！我还注意到是这几个小女孩牵着他的手下来的。

我的开心是溢于言表的，其他孩子脸上也都洋溢着笑容。同时锐脸上的表情也是兴奋的，其实他也有融入群体的意愿，只是并没有合适的机会，也不知道具体怎么做才能融入进去。后面这几天，无论是中午放学还是下午放学，都是这几个孩子带着他一起走到校门口，甚至连锐的作业和书包都会辅助他整理。看到这景象我的心真是暖暖的。在我送孩子进入小学之前我最关心的问题，并不是他的学业成绩。而是我想看一看，在没有家长或老师干预的情况下，他能否去信任同龄人，能不能有保护自己的意识，能不能与同龄人友好地互动……然而现在这样的状态，正是我最期待看到的。

所以如果问我孩子上小学会不会担心他被同学欺负，受到伤害。我可以肯定地说："完全不担心。"之所以不担心，除了对孩子自身的信任以外，另一份坚定信心来自于我自己。我相信只要有我对他的了解与用心的关注做基础，顺势而为地做好每一件小事，同时再有家人对他的爱做后盾，孩子被外界环境所接纳，被他人所关爱的这份幸运，是一生都会持续获得的。

这个世界终归还是温暖的。这个世界的人大部分都是善良的。对有困难的孩子，大部分孩子都会伸出他的援助之手。作为孩子的家长，我只有感恩和欣喜。同时我也接受我的孩子也许终身都得在这种支持性环境中生活的现实，我愿意为孩子创造支持性环境而努力。

与其教育，不如去爱

理解，是无法要求来的

子舆说：老吾老以及人之老，幼吾幼以及人之幼。中华民族的千年传承中尊老爱幼是民族美德。人类的幼崽总能轻易地引起人类的好感与喜爱，他们天真无邪，他们纯白无垢，他们似乎代表着这世间所有的真善美。所以有不少妈妈们就会把人类对幼崽的喜爱与宽容看作理所当然。而要求所有人都要照顾他们，理解他们，宽容他们的一些行为与想法。

曾在网上看到这样一条新闻：一位妈妈带着一位不到一岁的小婴儿在一趟长途航班上，因为婴儿哭闹不停，孩子母亲与乘客发生了争执。乘客喊话孩子的母亲"管好孩子"，孩子母亲则怼回："有本事你们一辈子别生孩子！"整个航班的氛围都因此剑拔弩张。

作为时常单独带孩子出行的妈妈，我能够想象得到这是一幅怎样的画面：在飞机如此密闭的交通工具上，一个不断啼哭的孩子和一个无奈又无助的妈妈，还有一机舱的乘客……

不管站在哪个角度，都能够理解：谁都不容易。

作为机舱的乘客来说，孩子的啼哭声确实很烦人。尤其是对于还没有带过孩子的年轻人来说更加难以忍受。而这个不断安抚婴儿的妈妈也不容易，毕竟婴儿太小，他的情绪也不是妈妈所能掌控的，做妈妈的一边要哄孩子，一边还要被其他乘客指责，必定会觉得十分委屈和无奈。

只是在这件事情上，我并不想站在这位妈妈的立场上来说话。

我同样是一位妈妈，也同样遇到过这样的情形。那是我第一次带着两个孩子坐高铁。锐在高铁上很兴奋，一直都不太安静，倒也不是满车厢跑或者是哭闹，而是他喜欢用脚蹬前面的椅子，并且不停地扭来动去。刚好前面坐的是一男一女两个年轻人。他的座位前面对应的是那位女孩。一开始女孩只是皱着眉头回头瞥了一眼。我赶紧向她道歉，并立即采取了行动。我提醒制止了一下锐,他安静几分钟后又开始坐不住了。再过了一会儿,女孩又回头,明显表示不悦。而我又只能是道歉同时提醒孩子保持安静。就这样,一路上,我一边不断地向周围的人表示歉意,一边哄孩子尽量安静下来。 而对于孩子的行为,周围同车的乘客也有能理解的,尤其是年龄大一些的女性,明显会对孩子行为的宽容度高一些,更友善一些。一直到下车时,女孩回过头来说了一句:"就你这个孩子一路上吵死了。"我的回应同样是不好意思的微笑,并且道歉。 对于表示理解的乘客,我非常感激。

对孩子的这些表现表示不理解的乘客,我也非常理解,也愿意接受批评,也承认我没有办法做得更好,是我的孩子表现不好影响到了大家。虽然我也很无奈。

在当时的情况下,我所能想到的解决方案:除了不断安抚孩子让他静下来以外,就只能是道歉了。因为的确是我的孩子给其他人造成了困扰,我作为妈妈向他们道歉是理所应当的。

即使不能获得理解,被批评被骂我都会心甘情愿接受。

其实不要说车上的这个女孩,就是我自己在没有做妈妈的时候,面对"顽劣"的孩子也时常会在心里鄙视他们和他们的父母。所以也特别能够理解有些人对于熊孩子的厌烦。

就这件事情来说,孩子的啼哭声的确是给其他乘客造成了困扰,妈妈是有必要诚恳地向其他乘客道歉的。

从新闻的描述中我看到的是一个情绪不受控制的婴儿和一个情绪即将失控的妈妈。

所以才会有和乘客怼了起来的那一幕。这位妈妈回应同车乘客的态度,不仅无助于解决问题,可能还会让更多乘客感到愤怒,不只是针对孩子的啼哭声烦躁而产生的愤怒,更多的是对这位妈妈回应态度的愤怒。

如果这位妈妈能够换一种做法:在哄孩子的同时真诚地向周围人道歉,我相信其他同机乘客或许能够给予孩子和妈妈多一点儿的宽容与友善。就我自己在那一次所遇到的情况来说,前排座的女孩其实已经给予了我和孩子她

231

所能给予的最大包容。她的不悦情绪，到最后也不过是化作了一句连批评都算不上的语言表达。其实也陈述了一个当时的事实，虽然听起来像是指责。

但我想，如果我当时没有以真诚表达歉意的态度来面对她的不悦，而是和对方怼起来：毕竟孩子也只是在自己的座位上不太安静，并没有给别人造成真正的伤害或严重影响……但言语上的冲撞，很可能会激起对方更大的情绪反应……然后冲突会升级。

当我们在做了妈妈之后，最重要的就是：要学会让自己从妈妈这个角色中跳出来，先去理解别人。不管你作为妈妈有多么不容易，这并不是你和别人冲撞的理由，别人仍然有不理解你的权利。我们不能站在妈妈的立场要求别人对孩子宽容，并把这种宽容当作理所应当，在这样的事情上面，身为妈妈要做的唯有态度谦和的道歉，并努力安抚孩子。

最缺乏智慧的做法就是：在对方指责你一句时，你也不甘示弱地回敬他一句。让一件小事升级成更大的冲突，对教育而言这便是给予孩子糟糕的问题处理示范。

我们不能要求别人应该怎么做，当我们对乘客说应该多理解妈妈带孩子的难处时，是我们在要求别人去理解，如果别人没有这么做就会去指责。我们不能因为孩子某些无可避免的行为，就理所当然地要求他人理解自己。

自己的孩子虽然是不容易带，但别人的生活就一定更容易吗？

任何要求都不会让其他人更理解婴儿妈妈的处境。可能还会阻碍他们原本想给予的那一丝宽容。如果去掉当时的理所当然，理直气壮，而改成我们去"请求"，或许能够得到不一样的结果，一个更好的结果。俗话说：良言一句三冬暖，恶语伤人六月寒。语言的最大魔力，是可以传达出你的所有心声和态度。

在孩子明显扰乱了社会秩序和良好氛围时，母亲不去表达对被打扰者的歉意，反而理直气壮地的去指责周围的人，不够宽容，不够理解，不够体谅。这会给孩子的成长造成怎样的影响？父母是孩子最好的老师，要跳出自己局限的视角，以中立角度看问题。

关于自闭症，我想说的全在这里

2010年是我第一次做母亲。一个活泼可爱、聪明伶俐的小男孩出现在了我的生命中，唤名为诺。2012年我有了第二个孩子，我成了锐的妈妈。和聪明伶俐的哥哥相比，锐是一个让我常常感到啼笑皆非、疑惑不解的小男孩。早在他半岁的时候，我就已经隐约感觉到：这孩子和其他同龄孩子太不一样了。后面，我才知道这种"不一样"，在医学上有个名词叫"自闭症谱系障碍"。当时我在了解到这一信息时的感受是既无奈又有些奇妙的兴奋。无奈是因为孩子确实有太多让我无法理解的疑惑行为。奇妙的兴奋在于：这样一个不一般的孩子竟然出现在了我的生命中，这算不算是中奖？

锐的存在对我来说如同是上天给我派发的一个特别任务，我毫不犹豫地接下了这个挑战。对于我来说，上天给我出的这道高难度的课题也许正是用来检验我这一世为人母的修行成果。

每当别人知道我养育着一个谱系儿童时，多会向我投过来怜悯的关怀，在别人的意识里，养一个这样的孩子太难了，太不幸了，可是我自己并不觉得有多不容易。养育一个孩子本就不是一件轻松容易的事，养育自闭孩子"麻烦"就会更多一点儿。

为什么太多自闭儿童的父母都觉得特别艰难呢？我想除了养育孩子的现实困难以外，更多的是对孩子的特殊性难以真正接纳，总是在和无法更改的现实"较劲儿"，耗费了很多心力与能量。其实如果父母能够转换视角，积极看待身边这个特别的孩子，不把他当作是要修改的"问题儿童"，而只是把他当作有自己独特性的孩子，同时把孩子的独特性当作引领自己成长的资源，相信会有完全不一样的感受。

正如这句话：问题本身并不是问题，全在于你怎么看待这个问题。影响你行为情感的不是问题本身，而是你对此问题的认知和态度。

在养育他们俩的过程中，我最深的领悟就是：养育一个普通孩子和一个所谓的谱系的孩子并无本质上的不同。在自闭孩子身上会出现的问题，普通孩子身上一样会出现。对普通孩子有效的教养方式，对自闭的孩子也有用。比如：耐心、倾听、陪伴、关注、理解、关怀、接纳、爱……

曾经自闭症这个概念是一个离我遥远而又陌生的名词，除了在电影中看到过。现实中的很多人对自闭症的理解也还停留在电视影片中的认识上，比如电影《雨人》，这些印象让人们觉得自闭症的人挺厉害的，认为这类孩子都会有自己独特的天赋，这其实是夸大化理解。还有一种认识，许多人认为自闭症是一种类似于智障的问题，是智商不正常，需要有人长期照顾才能生存……这都是对自闭症的错误认识。事实上，自闭儿童的整体智商都趋于正常，和普通孩子差不多。百分之十的孩子会有某些特别的天赋，百分之十的孩子会低于普通人的智商。自闭症谱系障碍也会被定义为儿童的精神性疾病，但我更倾向于把它理解为一种障碍。比如说一个听力不好的人，医生不会说这是一种病，会说他有听力障碍。一个人眼神不好的人，医生会说他有视力障碍。

自闭症也是一种障碍。问题行为主要表现在与外界的沟通。我们人类的沟通方式主要是依靠语言，所以自闭症的孩子一般表现症状都是：沟通障碍和语言障碍。自闭症并不是智力障碍，是智力表现的障碍。智力是要表现出来的，但他们却难以表现出来，或表现出来的形式让人难以理解，因此称之为障碍。

锐的出生是足月顺产，母乳喂养到一岁，在孩子半岁时，我从未离开他超过3小时。同时家里还有一个1岁半的哥哥，两个孩子晚上一直都是我陪睡，家里有爷爷奶奶和我，白天我们三个人全心照顾两个孩子，爸爸要工作，但也非常喜欢孩子，下班便围绕着孩子转。可以说家庭气氛是和睦温馨的。同时我自己也是一个十分重视家庭教育和个人成长的妈妈，几乎可以完全排除孩子的障碍是由环境与教养方式造成的。

一，自闭症的病因在哪里？

很多宣传都说自闭症是先天疾病，是基因，是大脑的问题，是生理性的疾病。这种话或许能给有些家长一些宽慰：孩子的问题不是我的错。可事实是：自闭症目前没有定义出来任何确定的病因。自闭症一定是先天基因导致的结论是不能成立的。所以，有些观点推测，自闭症很可能和后天因素即养育环境有关。

这种言论让很多自闭孩子的父母感觉很受伤害。其实这并不是在指责孩子的父母，反而这种推测，可以让家长多一些思考问题的角度，试着更深层地反思自己的教养方式和养育环境。

身为特殊孩子的父母不能如此脆弱，经不起一点点质疑，只顾着寻求安慰抱团取暖而不愿去看事情的真相。事实上，即使病因与养育环境和方式无关，我却是高度认同"孩子问题的发展状况确实是和成长环境有极大关系。"这种说法的。家庭成长环境对孩子的发展方向分两极：正和负。

正向的：越来越好，和普通孩子的区别越来越小。负向的：越来越坏，最后终身残障，家长甚至也不会有多意外。

所以说，家庭环境，养育者的教养方式，对特殊孩子的发展状况有决定性影响，甚至可以说有着比先天基因更大的影响。其实自闭孩子的问题是天生基因造成的，还是后天养育方式造成的，原因并不那么重要。

重要的是向未来看：调整我们的养育方式使它更利于孩子的成长。对于我来说，我更愿意相信病因来自于后天环境。毕竟先天基因无法更改，而后天环境对于父母来说却是可以掌控的。

二，对于自闭症，要不要上医院做检测？

很多朋友都会问我，孩子去医院做过检测了吗？有些父母花费很多时间和精力，跑遍各大医院，只为给自己孩子的问题一个确切的诊断：到底是不是自闭症？

好像在现代医学、教育领域中，对待自闭症问题的口号都是"早发现，早诊断，早干预"。其实，有些医生给孩子下的诊断也都很僵化，凡是有些症状像自闭症，就轻易地下诊断：自闭症。

父母也特别看重医学上的诊断和治疗，而不重视孩子的心理状态和父母情绪的疏导。其实医生给你下了诊断和不下诊断又如何？我更倾向于认定自闭症更多的可能是心理性障碍，而非生理性疾病。

我并没有带孩上医院做过全面正式的检测。也有朋友会怀疑：没检测你自己会不会误判？我相信一位整天陪伴孩子，细致用心观察孩子的妈妈比医生几十分钟的观察与测评所做出的判断，准确度要高得多。并且，医生的诊断量表也是人为定制的，谁能保证绝对正确？这不同于生理检测，我不相信有什么标准测评适用于所有孩子。即使医生给我一个语言发育障碍和社交行为障碍的诊断，又如何？

要知道，障碍和迟缓其实是很难界定的。我不知道医生是如何界定的，但现实中误判的情况并不少见，很多语言发育障碍者其实只是语言发育迟缓。

自闭症孩子的父母们一定要想明白一个问题：你找医生做观察检测要拿诊断证明的目的是什么？换个角度想：拿到医生的一个诊断结果，无外乎两种答案，是自闭或不是自闭。

是自闭，我就可以安心了，推脱养育责任了吗？不是自闭，孩子客观存在的行为障碍就不必重视了吗？当然都不是。我建议父母要相信自己，相信自己比医生比老师更了解自己的孩子。

三，要不要去康复机构？

很多父母，在接受了孩子的问题之后，想到的第一个解决问题的办法，就是找康复机构。很多康复机构，都是由自闭症患者的家长运营的，训练老师们的水平能力参差不齐。入门没有什么专业门槛，人人经过培训都可以上岗。一般特殊孩子的训练机构环境都不讲究，远远不像普通幼儿园那般精心为孩子设计布置得漂漂亮亮的，充满童真和活泼的气息。

我把孩子送到机构里有一年半的时间。刚开始，我确实感觉有些惊喜，孩子某些技巧性的行为有很大的、轻松可见的进步。特殊机构使用的是应用行为分析疗法 ABA，先由老师设计针对于孩子行为做改善的训练课程，然后进行练习，强化，直到孩子掌握，最后把已掌握的一个个行为串联起来，形成更为复杂的行为。具体表现在语言、模仿、游戏技巧、社会交往这些训练模式下，老师们都很重视孩子的行为。

他们训练的一个首要手段就是：强化。强化孩子正确的（好的）行为。如果他们做到了某些老师要求做的行为，就奖励点儿孩子喜欢吃的零食。这种训练和训练动物的原理几乎是一样的，都是巴普洛夫的条件反射训练。虽然这一年半的时间，孩子很多技巧性的行为有了很大提升，但依然让我感觉很不好。然而，正是这种看得见的"效果"成了很多家长把孩子送到机构做康复训练的理由。

在机构与家长们接触的过程中，我感受到太多家长，花钱花时间送孩子上机构，要的就是孩子实实在在的，眼睛能看到的进步。只有行为能力的提升能看到，这就是家长们要的结果。也是检验机构是否合格的指标，为了达到训练效果，家长甚至也会要求老师使用强制的手段：恐吓、惩罚……家长要的就会是老师们所追求的，所采用的。而看不见的，摸不着的，孩子的感受，孩子的情绪情感，却没人关心。

一定要记得：自闭的孩子比普通孩子更加敏感和脆弱，他们需要更温柔地对待。任何强制训练都会让孩子的心更加恐惧。心里的那扇门，更加紧闭。父母一定要知道，在养育的过程中，不要将手段与目标混淆，不可过于较真训练形式上的效果，而忽略训练背后的意义和目标。

我在选择给孩子去训练的那个时候，已经了解到了尹老师的对于自闭症的态度和理念，我也非常认同尹老师的观点。也许有人会问，既然你认同尹老师的理念，为什么还会送孩子去训练？因为我从来不会根据别人说的正确的道理去做。

做选择，也不能是跟某个人走。要跟自己的感觉和心走。那个时候我还不知道自己的方向在哪里，方向不清楚的时候，我的选择是往更多人选择的方向走。先去那儿看看有什么。

也正因为我走过，所以我也并不否定康复训练这条路就绝对是错的。我了解过它，只能确定它不是我想要的。但或许，那条路上有你想要的呢？所以如果你想问要不要送孩子上机构？其实没有人能帮你做选择。因为做出选择不难，难的是选择之后要谁承担责任。我只能告诉你：不走康复训练的这条阳光大道，走自由养育这条少有人走的路看上去轻松简单，其实处处都考验着父母的内功：信任、耐心、宽容、接纳……

有的人两手空空什么都没有，也不想修自己的内功，只听别人说这条路好、是对的，就跟着走，带着半信半疑走了一段，发现越走越难，与此同时，孩子一天天长大也并没有往自己预想的方向发展，于是越来越焦虑烦躁，感觉自己上当受骗了，后悔了……转而开始怨恨指引自己走上这条路的领路人。

比如那些曾认同于尹老师后又反过来怨她坑了自己的父母。他们只是在把责任向外推，从头到尾都还不知道自己错在哪里。其实错的根本在于不知道自己想要去哪里，站错了队，走错了路。

也有人问过我：以后会不会后悔现在的选择。不去科学训练，会不会错过了让孩子更好成长的机会。我可以肯定地说，自己是不会后悔的。因为我选择这条路并不是坚定地相信这条路必然会带给孩子成长最好的结果。而是我知道，就算结果不是最好的，我还是要这样选择。因为这是基于我对生命的理解。

四，别人会不会欺负嫌弃我的孩子？

很多父母都会担忧的一个问题就是孩子上幼儿园后，被欺负了被打了也不会还手，也不知道老师会不会对孩子没有耐心，吼孩子，虐待孩子，该如何是好？

心理学上有个说法是：孩子的外部世界，是孩子与父母关系的体现。意思就是：你是怎么对待你的孩子，外部世界也就会怎样对待你的孩子。这句话我有深刻的体验。在上幼儿园前，我也为此有过忧心。后面现实证明，我的忧心是多余的：幼儿园的小朋友竟然很多都像我一样爱护他。每天接送锐，都会有他的同学和我们打招呼。

有一次我在接锐的路上，碰到他同学和他妈妈放学回家，他同学热情地向我打招呼："锐锐妈妈"。我也对他笑着回应。然后我们就往相反的方向走去，接着我听到他同学对他的妈妈说了一句话："锐锐的妈妈，好爱锐锐。"当我听到一个孩子对自己的妈妈说出这句话时我的感觉很复杂：有惊喜，有感动，还有些欣慰，甚至还从这句话中听出了孩子对锐锐的一丝丝羡慕，原来我对锐的爱，他的同学也都能感受到，那么我相信锐也一定能感受到。他的同学也都知道，锐同学虽然不说话，但他是他妈妈的宝贝……自此我更相信，在孩子们心中，嫌弃是不存在的。孩子们都没有嫌弃欺负他，老师就更不会了。不仅是在幼儿园，包括在机构，因为有妈妈的爱与接纳做保护墙，锐能得到老师更多的特殊"关照"和耐心对待，一是我对孩子的态度影响着他人，当我总是用充满爱的眼神和语言对待孩子时，老师都能感觉到：这个孩子是特别"珍贵"的。二是提前和老师做细致的沟通，传递你的态度给老师：我很重视孩子的感受，孩子不愿意配合的地方只能哄，绝不能逼他，更别说打骂，强迫都不可能有，连大声呵斥我也不接受。同时我也不向老师要求一定要达到什么样的训练效果。老师也能更放松，当然也会愿意配合家长。

很多父母对待自己的孩子非打即骂，甚至当着老师同学的面羞辱孩子。却要求老师尊重孩子，耐心对待自己的孩子。父母把自己孩子当垃圾用脚踢，却要求别人把你的孩子当作珍宝，这是不可能的。要想别人不嫌弃自己的孩子，就要从父母真正接纳自己的孩子开始。父母对孩子的态度就是外部世界对孩子的态度。

五，如果孩子上不了普通小学怎么办？

我加了两个自闭儿的群，家长们讨论最多的就是：孩子上小学怎么办？孩子长大以后怎么办？其实身为同样特殊儿童的妈妈，我特别理解这些父母们对孩子未知的未来所产生的恐惧与担忧。

但我想说的是：与其天天花心思，费精力想未来，不如安下心来，做好现在每一件能做的小事。想得再多，又能解决什么呢？

虽然家长都期望自己的孩子到了年龄都能像普通孩子一样上小学，但这需要的是对自己的孩子有客观的了解，孩子当前的各项能力到底适不适合去正常学校？如果真不合适，你强行送去又怎么样？不如换个角度想，不上普通小学又如何？甚至不上普通学校又会怎么样？上学是为了什么？如果上学是为了学习，只要能找到适合孩子的学习模式，为什么非要送他上普通学校呢？

关于这个问题，我早就有了自己清晰的态度：孩子能行就上。不行，再跟随孩子的状况做调整。学习是需要的，但学习并不只是坐在课桌前，拿起书，拿起笔，每个孩子其实时刻都在学习，所有的"玩"都是孩子的学习形式。所以，学习的方式可以是不限定的。

送到学校去学习也不过是学习的一种方式。很多家长为了孩子的训练不落下，选择半天上机构半天上学校，我不知道孩子这样是不是真的会取得家长预期的进步。我只看到家长和孩子的确都很辛苦。或许只有这样的辛苦才能证明，家长是"爱孩子"的，家长"为孩子"付出了很多吧。只是也有更多家长为了孩子辞了工作，花费了大量心力财力，却达不到自己的预期，从而崩溃，转头把这些怒气撒到孩子身上，也许他们是忘了自己的初衷到底是什么。

我是如何养育我的自闭症孩子的？

最前面我就说过养育自闭症孩子和普通孩子并无本质上的区别。所有的有利于普通孩子的养育方式同样有利于自闭的孩子。只是，他需要得更多一些，再多一些，还多一些。所以，我也一直都把他当作一个"高需求孩子"来对待。

接纳。

接纳是爱的基础，如果做不到真实地接纳，所给的一切其他的爱、陪伴、倾听，都是虚假的。父母的接纳对于任何孩子都至关重要，对特殊孩子更是重中之重。

父母是孩子的世界，父母的接纳对于特殊孩子来说，就是告诉他：世界是欢迎他的，是接受他真实的样子的。接纳，简单来说，就是不总想要去改变他。接纳的道理任何人都懂，但就是很难做到。不去训练他，不要求他改变？接纳他每天胡言乱语？接纳他每天对人不理不睬？接纳他每次莫名其妙地大爆发？

是的！要做到真正接纳这样的孩子，就要接纳他的与众不同，接纳他的无理取闹。我知道，要做到这一点是非常非常不容易的。甚至做起来还非常痛苦。但接纳就是"看见"，就是真真正正地看见你的孩子。当你不再把力量用在改变他的时候，你就能看见真实的孩子，和真实的自己。你将会明白：是的，孩子就是这样喜欢胡言乱语，可那又怎么样呢？是的，孩子就是容易情绪爆发，可那又怎么样呢？为什么一定要他"变好"呢？为什么一定要把他训练到和正常孩子一样呢？为什么不能接纳现在的他呢？

接纳会让我们学会面对现实，不会再因为孩子的缺憾而痛苦，有了接纳，孩子的每一丝进步对我来说都是意外的收获，都是天大的惊喜。锐 5 岁左右的时候说出了第一句自发性完整语句："妈妈在扫地。" 6 岁以后学会自己坐马桶。7 岁后学会自己吃饭，8 岁学会自己冲凉和别人打招呼……无数这样的人生第一次，次次都使我无比惊喜，几乎都能让我热泪盈眶。当我用满怀激动的语气向孩子表达我的惊喜时,孩子的脸上也写满了幸福和快乐。而这些,其实都是一个普通孩子的妈妈所难以感受到的。

接纳才能让孩子感到"被爱"。

接纳也是改变的基础。

孩子感受到父母无条件的爱与接纳时,往往能产生奇迹般不可思议的成长力量。接纳就像土壤,孩子从这土壤中吸取力量才能更好地成长自己。无条件接纳是父母能给孩子最强有力的爱。

著名的残障人士蔡聪说:"失明后,我的人生不过是换了一种新的活法。我认为伤残,或是'看不见'本身,只是一个人的特点。"我想说:自闭其实也只是孩子的一个特点,我爱我的孩子,不是因为他将来会成为我希望他成为的样子,我爱他,只是因为,他是一个有着跟所有孩子一样同等价值的生命。这种价值,不会因为他的任何外在表现形式而有所减损。有很多人在了解我对锐这个孩子所做的一切之后表示为之感动,其实,我做的只是身为一个母亲该做的本分。任何一个孩子的到来,都是我们未经孩子允许把他们带到这个世界上的,无论他是美是丑,是优秀是平凡,是健康是残缺,好好爱他、善待他、照顾他,是我们为人父母最基本的责任和担当。

陪伴。

普通孩子会主动寻求父母的陪伴。但在给予特殊孩子陪伴的时候可能会是从抗拒到接受,到依赖,再到寻求你的陪伴的过程。锐小的时候经常会安静坐着玩玩具,看电视,玩平板,这时候我都会在后面把脸贴在他肩上、背上。只要他不抗拒,我就会轻轻地拥着他,用动作告诉他:妈妈在你旁边。慢慢地他也开始喜欢我的这种充满爱意的"打扰"。同时我也关注着他所看的所玩的内容。陪他看他爱看的动画片,陪他记动画片的台词,学他发出的奇怪的声音。当我能了解到他所关注东西并且说出来、做出来的时候,他会特别的开心,同时对我的信任也会增加一点点。2岁多有段时间他特别喜欢听唐诗,40首唐诗反复听全都会背了,我跟着听也几乎会背了,经常他读出上一句,当我接出了下一句时,他就会很开心。这种游戏我们也玩了很长时间。任何时候,尽量不要让自闭的孩子一个人呆着。哪怕是他不回应你,你也要和他说话,让他能感觉到你在身边。

陪伴的前提是接纳，是不去强求改变他，是全心全意的陪伴，敷衍是无意义的。

只要能足够地用心陪伴与关注，你就能了解他，当他知道你能了解他，他就能信任你，然后敞开一扇小门允许你走进他的世界。《我想飞进天空》这本自闭症孩子写的书里有句话："自闭的孩子经常会一个人待着，但我们不要认为他就是真的喜欢一个人待着。"这也是我无意识间做的最正确的一件事：不让他一个人待着，陪着他看，陪着他读，陪着他玩，陪着他听。让他能确信：只要他一转头，妈妈就在身边。

模仿与倾听。

锐在幼儿园的时候，每次送他进园之前，我都会对他说一句话："锐上幼儿园，下午放学妈妈就会来接锐。"这简单的话，重复地说，天天说，不知不觉说了半个学期。到后来有一天，我惊喜地发现，在我还没有说出这句话之前，他就对我说："锐上幼儿园，下午放学妈妈就会来接锐。"每天的重复，让他学会了一个长句，虽然只是重复我的话，不是自发性的语言，但这也足以让我兴奋。自此我更相信：重复的力量是强大的。普通孩子也许只需要重复三五遍，而他需要的不过是更多一些，三五十遍。

自闭的孩子有些时候一点儿小事如果他不满意，就会突然失控，大哭大闹。不了解的人会觉得很莫名其妙，不知道发生了什么让他突然就变这样，明明上一秒还好好的。针对于此，我们需要弄清楚孩子情绪的爆发，是被什么问题所困扰的。找到问题的方式就是"倾听"孩子。肯定有人会问，有些自闭症孩子又不说话，怎么"倾听"呢？不说话的孩子，需要父母通过孩子传递的非语言信息来倾听他的需要。看他的眼神，在找什么？手里拿着的是什么？上一时刻接触到的东西是什么？做好这个倾听工作的前提是陪伴与关注。只有了解了情况你才能懂得倾听。对于不会表达的孩子，一定要坚持足够长的时间来倾听。直到准确"解码"孩子的需求，满足了孩子的需求，方能稳定情绪。

肢体接触。

肢体的亲密接触胜过一切语言。一条简单的法则：当你不知道该怎么做，做什么的时候，你就拥抱他。锐小的时候发脾气，急了会把头往墙上撞，每次这个时候我都会紧紧地抱住他，亲吻他，然后他就会慢慢冷静下来。每次我都会用这种方式安抚他，几次之后这种行为就再也没有出现过。现在只要他难过或感到受伤害，就会找我寻求拥抱。锐从一开始抗拒肢体接触到现在主动寻求拥抱，经历的过程不算短，但父母们太值得去尝试了。同时，也要注意，给孩子的拥抱必须是充满爱意的拥抱，而不能只是限制性地抱住他，用来阻止他的某些行为。

虽然可能孩子一开始会反抗、拒绝，甚至攻击你的拥抱，或者是面无表情，但只要父母坚持给他拥抱不放弃，孩子将会慢慢从恐惧，无表情无感觉的状态中得到软化，变得放松一点点，慢慢地体验到你的爱。真实的亲密和爱孩子会被感受到的，真挚的心和亲密的感情，是世间一切隔阂的良药。

慢慢地这会让他打开那扇通向你的门，这扇门的另一端，就连接着世界。

生活即教育。

生活即教育，孩子的障碍主要体现在社交方面，社交锻炼的最佳场所就是社会生活，就是走进生活的方方面面，就是菜市场，商店，早餐店，商场，学校，书店，电影院，餐厅，游乐场……生活处处皆课堂。

如何处理生活场景中所出现的一切问题，是最考验父母智慧的时刻，这是最真实的教育。我曾经说过一句真实的笑话：带着自闭症孩子出一趟门，足以摧毁一个成年人的所有体面。"幸好，我是一个不讲求体面的成年人。"即便如此，带他们出门也是件非常有难度的事，这也是我做得最多的一件事。因为这太值得了。虽然这其中会有数不清的"麻烦"事件，无数意外状况，会有别人的误解、指责、评论，甚至鄙视。这些都需要家长"扛得住"。总有人夸我，有耐心，有勇气。其实有勇气的背后需要的是有强大的人格做支撑，有耐心的背后需要的是洞悉事物本质真相的智慧。

所以，育儿还是要先育己。想要养育好孩子先修炼好自己。养普通孩子是如此，养育特殊儿童对父母自身的修炼要求更高而已。

最后，我想说的是，假如我可以自由选择自己的孩子，我仍然希望锐能做我的孩子。我感谢他以这样的姿态来到我的身边。是他的存在唤醒我内心的爱，给了我重新认识自己，重新认识生命的机会。让我成为一个真正懂得爱、懂得生命的人。